检察业务管理
指导与参考

JIANCHA YEWU GUANLI
ZHIDAO YU CANKAO

最高人民检察院案件管理办公室 / 编

2023年
第2辑
（总第20辑）

中国检察出版社

湖北省人民检察院检察长王守安主持该院 2022 年度检察业务数据分析研判会商会

2023 年 1 月 17 日，湖北省人民检察院案管办召开年度工作部署会，深入学习最高检案管办《2023年案件管理工作要点》，部署新一年度重点工作

湖北省武汉市人民检察院检察长彭胜坤陪同武汉市人大常委会主任胡立山一行视察该院案管中心

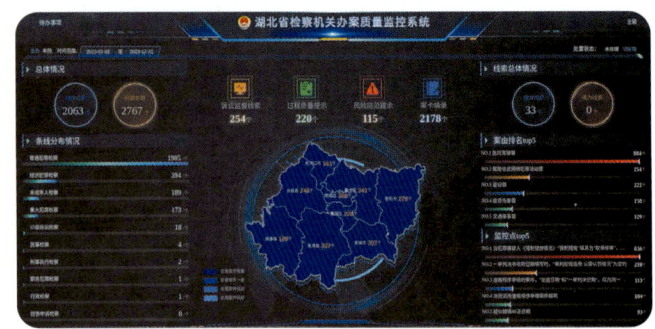

湖北省襄阳市人民检察院数据质量监控系统主界面。该系统基于检察业务应用系统2.0研发，试运行期间取得较好效果

湖北省广水市人民检察院利用"检务小助手"，实现流程监控智能化

湖北省钟祥市人民检察院案管中心受理大厅

前　言

　　2019 年 3 月，《检察业务管理指导与参考》创刊，如一株破土而出的幼苗，根植于"四大检察"全面协调充分发展的"沃土"，伴随案管工作实践，在全国案管人的重视与呵护下茁壮成长，不断结出引领检察业务管理助推检察业务高质量发展的累累硕果。

　　《检察业务管理指导与参考》作为检察业务管理理论与实务研究的专门期刊，始终秉持的宗旨是，深化理论研究以指导工作，推介实务经验以供借鉴参考，理论与实务紧密结合，促进全国案件管理工作深入开展，为"四大检察""十大业务"发展贡献案管力量。

　　我们致力于把《检察业务管理指导与参考》打造成案件管理理论创新的基地。深入学习贯彻习近平法治思想，革除不合时宜的观念理念，打破体制机制的制度性障碍，聚焦案件管理的基础理论、重大课题和制约案件管理创新发展的"瓶颈"问题，与时俱进创新案件管理理论，引领不断发展的案件管理工作实践。

　　我们致力于把《检察业务管理指导与参考》打造成实务经验交流的载体。鼓励实务探索，倡导凝练总结，将"三大监督""四大服务""管好管理"的生动实践，融入理性思考和理论升华，通过《检察业务管理指导与参考》这个平台晒出来、辩起来、推广开来，促进交流碰撞和思想解放，从而始终保持案件管理机制改革创新的源头活水，助推案件管理工作整体提升。

　　我们致力于把《检察业务管理指导与参考》打造成开阔案件管

理眼界的窗口。跳出检察业务管理的拘囿，加强中外司法管理的比较研究，汲取其他执法司法机关的业务管理理论成果，借鉴社会治理、现代企业管理的成功实践和创新理论，引导案管人打开眼界，拓宽视野，以"他山之石"，成案件管理之功。

《检察业务管理指导与参考》是案管人自己的刊物，记载着案管人的奋斗与追求、激情和汗水，更将描绘出案件管理工作的希望与梦想、今天与明天。案件管理理论研究，案管人使命在肩，责无旁贷。各地案件管理部门和广大案管人，既要重视、支持和参与撰稿投稿、编审征订工作，也要学好用好这个刊物，为案件管理工作助力、赋能。

理论启智心灵，实践创造非凡。让我们一起为案件管理工作铺一条光明的路，开满希望的花，结出丰硕的果。

目　录

智慧案管

聚焦数据

地方专栏·湖北

高层声音

GAOCENG SHENGYIN

编者按：为深入学习贯彻党的二十大精神，全面贯彻习近平法治思想，指导各级检察机关和检察人员正确理解和适用修订后的《检察机关案件质量主要评价指标》，推动检察工作高质量发展，最高人民检察院组织开展了《检察机关案件质量主要评价指标》专题培训，现将童建明副检察长讲话摘要和申国军主任讲课稿主要内容刊发如下，供各地学习领会、贯彻落实。

正确理解、科学适用评价指标 推动新时代检察工作高质量发展

童建明[*]

2023 年 3 月底，最高检印发了新修订的《检察机关案件质量主要评价指标》（以下简称《评价指标》）。召开四级检察机关参加专题培训会，目的是对新修订的《评价指标》进行集中培训，详细解读评价指标修改的主要内容和需要重点把握的问题，引导各地正确理解、科学适用修订后的《评价指标》，更好发挥评价指标的"指挥棒""风向标"作用，推动新时代新征程检察工作高质量发展。

＊ 童建明，最高人民检察院党组副书记、分管日常工作的副检察长，一级大检察官。

一、 深刻认识案件质量评价指标体系的"指挥棒""风向标"作用，切实把修改后的评价指标学懂悟透落实

考核评价是推动工作发展的"风向标"、激励担当作为的"指挥棒"。习近平总书记在党的二十大报告中强调，"完善干部考核评价体系，引导干部树立和践行正确政绩观"。最高检党组始终把考核评价作为推动检察工作高质量发展的重要抓手。新时代十年特别是过去五年，在以习近平同志为核心的党中央坚强领导下，检察机关实现了职能重塑、机构重组、机制重构，党的检察事业取得新的跨越发展。在这个过程中，最高检研究建立了一套比较完善的检察案件质量评价指标体系，对检察工作发展起到了重要牵引和推动作用。新时代新征程，党和人民对检察工作寄予厚望、要求更高。特别是，人民检察史上的"三个第一次"（2021年6月，党中央专门印发《中共中央关于加强新时代检察机关法律监督工作的意见》，对检察机关法律监督工作提出全面、系统要求，这在党的历史上是第一次；2022年10月，党的二十大报告在历届党的代表大会报告中第一次专章部署"坚持全面依法治国，推进法治中国建设"，第一次特别强调"加强检察机关法律监督工作"），集中彰显了以习近平同志为核心的党中央对法治建设、检察事业的高度重视和坚强领导，也赋予新时代新征程上检察工作更重责任。检察机关是国家的法律监督机关，基本职能是法律监督，这是我们的主责主业和立身之本。刑事、民事、行政、公益诉讼"四大检察"都内在统一于法律监督职能，都是检察机关法律监督的具体权能。贯彻落实党的二十大精神和党中央决策部署，担起检察机关更重责任，基本立足点就在于，要充分正确履行好各项法律监督职能。无论是评价检察职能有没有充分正确履行，还是评价检察职能履行得好不好，都需要一个指标评价体系。检察案件质量评价指标体系要发挥"风向标""指挥棒"作用，"风向

标""指挥棒"指到哪里，就能够把工作引导到哪里，把注意力和工作重心集中到哪里。从这个意义上讲，修改完善、正确适用《评价指标》，既是检察机关贯彻落实党的二十大精神，更好地为大局服务、为人民司法的必然要求，也是进一步提升检察办案质效，加强检察机关法律监督工作的必然要求。

从近年来的适用情况看，最高检制定的评价指标体系总体是科学的，较好地发挥了"指挥棒"的作用。但从各地反映的意见看，也存在少数指标设置不科学、部分指标运用中"走样"、缺乏部分新业务指标等问题。最高检党组及时回应地方检察机关呼声，决定对《评价指标》作出修改。应勇检察长对这项工作高度重视，2022年9月以来，先后三次听取汇报、作出指示，并且赴广西、陕西等地面对面听取一线检察官意见建议；2023年3月24日，主持召开最高检第十四届检委会第一次会议，研究的第一个议题就是案件质量主要评价指标的修改完善问题。修改过程中，最高检注重广开言路，专门开通内网意见箱，多轮征求各级检察机关的意见。2023年2月，还专门组织调研组赴9个省、市院开展调研。在广泛深入调研的基础上，开展《评价指标》修改工作。经最高检检委会审议，修订后的评价指标从60项精简为46项，涵盖"四大检察"主要案件类型、主要办案活动、主要诉讼流程，以及立案监督、直接受理侦查案件、抗诉、纠正意见、检察建议、公益诉讼等各种监督方式，重点更加凸显、方向更加明确。

总的看，这次《评价指标》修改有几个突出特点。一是坚持以习近平法治思想为指引，注重全面评价、整体评价、组合评价、实绩评价，在具体把握中坚持以系统观念、体系思维来考虑指标设置，既注重单个指标的设计，同时又研究相关指标的关联性、协同性、整体性，一体化进行思考和构建。二是聚焦检察机关法律监督主责主业，保留了事关检察机关法律监督职能、充分反映法律监督质效的指标，也对一些指标进行了调整，增加了一些与特色亮点工作相关的指标。三是突出精简实用，对一些不能客观反映工作质效、容易有"水分"、不易核查的指标，作了删减，重新界定和明确了部分指标的指标含义和计算方法，业务评价更加精准、客观。

根据党中央部署，2023 年全国检察机关将分两批开展学习贯彻习近平新时代中国特色社会主义思想主题教育。抓好修改后《评价指标》的学习、理解和适用，是检察机关深入学习贯彻党的二十大精神，扎实开展主题教育的重要举措，也是提升监督办案质效，实现检察工作高质量发展的重要抓手。各级检察机关要切实提高政治站位，把正确理解、科学适用评价指标作为检察机关坚定拥护"两个确立"、坚决做到"两个维护"的实际行动，作为一项基础性、全局性的大事要事来抓，深刻认识案件质量主要评价指标的"指挥棒""风向标"作用，引导广大检察人员学好用好评价指标，推动检察工作平稳健康发展。

二、 善用、用好案件质量主要评价指标，促进"高质效办好每一个案件"

习近平总书记反复强调，"努力让人民群众在每一个司法案件中感受到公平正义"。应勇检察长提出，既要通过履职办案，在实体上确保实现公平正义，也要在程序上让公平正义更好更快实现，还要在效果上让人民群众可感受、能感受、感受到公平正义。最终做到检察办案质量、效率、效果有机统一于公平正义，这应当成为新时代新征程检察工作的基本价值追求。修改后的《评价指标》，全面落实和体现了这一价值导向。各级检察机关要在学懂弄通的基础上，善用、用好案件质量主要评价指标，引领广大检察人员树立正确政绩观，促进"高质效办好每一个案件"。

一要全面理解各项指标设置的内涵。正确理解评价指标是科学适用评价指标的前提。此次修改后的《评价指标》变动较大，既涉及条目的增减、拆分合并，又有指标使用方式、数值以及通报值方面的变化，每一处修改都有其内在的考量。大家要认真学习、用心思考，既知其然，更知其所以然，准确认识和把握指标背后的司法理念、司法规律和司法价值。

二要认真做好评价指标的本地化应用。各省级院要结合本地犯罪态势、案件类型特点、检察官结构数量等实际情况，在落实最高检评价指标的基础上，对评价指标进行适度细化应用，构建适合本地区特点的评价指标体系，既防止不顾实际的照搬照抄，"上下一般粗"，也要避免本地特殊性超过了最高检评价指标的普遍性。省级院评价指标总体要求不超过 60 个，避免本地化指标过于庞杂，增加基层院负担，相关本地化指标应当报最高检备案。最高检确定的评价指标通报值，省级院、市级院、基层院都要遵照执行，不能层层提高、层层加码。

三要规范指标通报方式。应勇检察长指出，没指标不行，唯指标也不行，虚假的指标更不行。实际工作中，我们要重视指标的科学运用，但不能不切实际追求指标，更不能盲目攀比甚至弄虚作假。一些指标新设定了通报值，有的原有通报值数字适度作了升降，目的是推动相关工作更加回归理性，防止在执行中无限追求更高或者更低。比如，不捕率、不诉率不是越高越好，"案－件比"也不是越低越好，根本是坚持严格依法办案、公正司法。最高检已明确，对达到通报值的不再通报具体数值，不再作前十名、后十名的通报，避免形成不健康的"争先""恐后"。下一步，最高检还将加强调研和核查，对指标异常的地方，通过数据质量检查和开展案件质量评查等方式进行核查，针对性"把脉会诊"，确保数据实事求是、质效全面提升。各级检察机关特别是各级院检察长，要正确看待高质效监督办案与考核评价的关系，杜绝"唯指标论""唯数据论"的机械评价方式，切实防止"数据好看"、效果不好、评价走形。对于数据造假，损害当事人利益，造成负面社会影响的，要依法依规追究司法责任和领导责任。

四要一体推进指标运用、系统建设和考核应用。应勇检察长强调，完善案件质量评价指标体系，基础是信息系统，核心是指标体系，关键是考核应用，这是一个有机的整体。没有完善的系统，就没有基础；没有指标体系，就形不成"指挥棒"；没有考核应用，管理就失去意义。各级检察机关、各相关部门要各司其职、通力协作，形成正确适用评价指标的工作合力，确保评价指标的实现形式科学、考核应用的效果科学。业务部门要牢牢牵住主要评价指标这个"牛鼻子"，真正发挥评价指标对重点业务的引领作用。同时也要注意，不能仅仅依靠案件质量主要评价指标来指导全部业务工作。要结合"业务指导数据"综合分析，把重点放在多做打基础、利长远的工作上，实实在在提升工作质效。政工部门要注重"检察人员考核"与案件质量主要评价指标同向发力，一体加强"案"的管理和"人"的管理，以"全面、全员、全时"和"考实、评准、用好"为基本导向，不断完善检察人员考核机制，使对检察官的履职评价与案件质量评价体系导向一致、效果一致。需要特别强调的是，同向发力不等于直接套用，不能将对一级院整体宏观评价的指标直接套用在微观对个人的考核上。应勇检察长在北京调研时强调，不能让检察官被数据所困、被考核所累。案件管理部门在开展业务分析研判时，既要重点突出对案件质量主要评价指标的分析，也要加强整体统计分析，打好"组合拳"，进行全面、客观分析。要会同各业务部门，做好条线业务需求统筹，加强与信息技术部门的工作衔接，不断优化完善案卡设计和基础数据采集，尽最大努力减轻检察官填录数据负担。

三、 坚持在运用中完善、在完善中运用，不断提高案件质量评价指标体系的科学性、合理性

案件质量评价指标体系没有最好、只有更好。《评价指标》的修改不可能一步到位、完美无缺，目前的《评价指标》，已尽可能贴合检察履职实际，但仍有继续改进的空间，《评价指标》的"精装修"永远在路上，需要各级检察机关在实践中共同推动完善。最高检相关部门要及时关注新的《评价指标》适用情况，善于从整体数据统计分析中捕捉《评价指标》实践运行中存在的问题，动态发现、及时纠正倾向性、苗头性问题。特别是最高检案管办要继续加强调研，注意了解、分析《评价指标》好不好用、用得好不好，尤其是这次作出修改的相关指标适用情况，及时发现和解决指标设置、理解、使用中存在的问题。各省级院要注重在日常考核中，认真分析本地区案件质量指标评价中存在的问题，厘清哪些可以通过调整指标解决，哪些可以依靠机制、规则解决，哪些需要统筹解决，及时将发现的问题和建议报最高检。市、县两级院处于检察办案一线、《评价指标》运用的前沿，要注意在工作中发现还有哪些指标设置不合理、不科学，不能准确反映工作的质效，及时提出修改完善的意见。最高检将根据各地提出的意见和建议，不断完善指标体系，助力检察工作走上高质量发展的轨道。

正确理解和适用案件质量主要评价指标

申国军[*]

目　次

---

[*] 申国军，最高人民检察院案件管理办公室主任，一级高级检察官。

（一）关于中性指标的理解和适用

（二）关于组合指标的理解和适用

（三）关于通报值指标的理解和适用

（四）关于正确认识评价指标评价与相关工作的关系

四、关于纠正评价指标运行中的"反管理"问题

（一）"反管理"现象的表现

（二）"反管理"现象的危害与原因分析

（三）"反管理"的应对之策

最高检历来重视对检察业务的评价工作，对业务的考核一直是最高检推动检察工作的一个重要的抓手。最高检对各省市区检察业务考评大体经历四个阶段：

1. 1000分考核阶段（2009年至2010年）。最高检以满分1000分来量化考评各地，出台了专门的计分细则，包含四大类工作47项指标。

2. 通报主要统计数据阶段（2011年至2013年）。按照中央政法委的部署，不再适用1000分的量化考核，改为定期通报检察业务主要统计数据，包含五大类79项指标。

3. 通报检察业务核心数据阶段（2014年至2019年）。2014年，最高检根据通报主要统计数据的实施情况，将79项检察业务主要统计数据精简为26项指标，并称为检察业务核心数据。

4. 案件质量主要评价指标阶段（2020年至今）。随着"四大检察""十大业务"法律监督新格局的形成，原有业务评价体系已经不能适应新时期检察工作需要，最高检于2020年1月印发《检察机关案件质量主要评价指标》（以下简称《评价指标》），建立了以"案－件比"为核心的案件质量评价指标体系，改变以往以数量为主的考评思路，建立以办案质量、效率、效果为基本内容的评价指

标体系。2021 年 10 月，对《评价指标》进行了修订。从以上发展脉络可以看出，检察机关的业务评价机制一直是随着形势发展变化而不断与时俱进，应该说是越来越合理，越来越贴近实际。《评价指标》实行以来，充分地发挥了"指挥棒"和"风向标"的作用。各级检察机关层层传导压力，逐级压实责任、抓好实施，评价指标体系作为司法质效"晴雨表"、公正司法"助推器"的积极作用逐步显现。主要体现在五个方面：

（1）刑事检察工作质量、效率、效果不断提升，"高质效办好每一个刑事案件"持续落实。"案–件比"大幅降低（较 2019 年减少 0.77 个百分点），办案时间明显缩短（较 2019 年少 17.2 天），不捕率（43.4%）、不诉率（26.3%）大幅上升情况下不捕、不诉复议复核率（0.6%，较 2019 年减少 2.6 个百分点；0.4%，较 2019 年减少 1.7 个百分点）和复议复核率改变率（1.4%，较 2019 年减少 4.2 个百分点；3.6%，较 2019 年减少 1.3 个百分点）均大幅下降。适用认罪认罚和确定刑量刑建议提出率、采纳率均达到 90% 以上。

（2）民事检察力度、质量、效率全面向好，监督精准性不断提升。民事生效裁判监督案件审结率（较 2019 年增加 10.3 个百分点）大幅上升，抗诉改变率、再审检察建议采纳率明显提高（较 2019 年分别增加 14.2 个、37.5 个百分点），民事审判违法监督案件检察建议采纳率、民事执行监督案件检察建议采纳率都达到 95% 以上。

（3）行政检察监督不断加强，质效明显提升。行政裁判监督率、抗诉改变率大幅提高（较 2019 年分别增加 3.7 个、33.7 个百分点），行政审判违法监督案件检察建议采纳率、行政执行监督案件检察建议采纳率也都达到了 95% 以上。

（4）公益诉讼的制度价值和效能不断发挥，办案质效提升。

2022 年公益诉讼立案较 2019 年上升 53.9%，诉前整改率、提起公益诉讼后法院支持率均达到 99%。

（5）能动履职能力加强，诉讼监督质量上升。刑事监督立案率、监督立案判处有期徒刑以上刑罚率上升明显（较 2019 年分别增加 3.5 个、11.2 个百分点），监督撤案率达到 99%，较 2019 年增加 17.1 个百分点；纠正漏捕、漏诉率 3.9%，较 2019 年增加 0.9 个百分点。书面纠正侦查活动违法采纳率增加 15 个百分点，纠正刑事审判活动违法上升 2.8 倍。

从案件质量评价指标运行情况来看，案件质量评价指标体系对检察业务工作的发展起到了很好的作用。但实践中，也还存在着少数指标设置不科学、部分指标运用中"走样"、业务发展需要新的评价指标等问题。正是因为这种情形，从 2022 年 8 月开始，按照最高检党组的指示，我们对案件质量评价指标进行了全面的调研，启动了《评价指标》运用以来的第二次修改完善。评价指标体系，有，比没有好；管理，比不管理好。要有指标，但不能唯指标，更不能有虚假的指标；要有管理，但应该是科学的管理，不能胡乱的管理。有案件办理，就有案件管理，越强调案件办理，就应该越重视案件管理，案件办理和案件管理，如鸟之双翼、车之双轮，缺一不可。案件管理不等同于案管部门的管理。案件管理，首先是院党组、检察长的管理，其次是各业务条线在办理案件中的自我业务管理，最后才是案管部门的集中统一管理。所以，案件质量评价指标的案件管理是院党组、检察长的管理，不是案管部门的管理。如果理解为案管部门的管理，就特别狭隘了。我们书面征求了全国各省级检察院的意见，专门听取了最高检各业务厅的意见，然后又到 12 个省区调研，听取基层院的意见，设置了专门的意见箱，征求全国检察官的意见，在此基础上形成了新一版的检察案件质量主要评价指标。新一版检察案件质量主要评价指标，凝聚了全体检察人的心血和共识，是四级检察机关全体检察人员集体智慧的体现。

一、 关于评价指标修改的把握原则

原则就是根本。只有把握的原则正确，评价指标的修改才能符合实际。这次修改，我们主要把握了四项原则。

一是体现全面评价。全面，就是质量、数量、效率、效果的有机统一。一定的量也是质，质量要在一定的数量中体现。原指标注重质量、效率、效果，这次修改在更加重视质量的同时，也要有合理数量作为基础，更好统筹"有数量的质量"和"有质量的数量"。比如，抗诉改变率，办 1 件改 1 件，改变率 100%；办 10 件改 9 件，改变率 90%，但显然应鼓励后者。所以这次修改增加了一些力度指标，如增加"减刑、假释、暂予监外执行书面提出监督意见率"等；也修改了一些指标的含义，如"监督立案率"指标，原指标含义体现的是受理立案监督申请的成案质量，不能反映检察机关依职权行使监督工作的力度和成效；还将指标计算的分母调整为"同期审查起诉案件受理数"，对数量、质量、效率、效果全面评价。现在指标的首要的原则是力度、质量、效率、效果的统一，要全面进行评价。需要强调的是，指标体系中的"数量"并非考核绝对数，而是以比率形式体现的相对数（46 项指标都是比率，而不是绝对数），实质是考核监督办案力度，也就是一定的"量"和更重要的"质"构成的监督办案"三个效果"有机统一。我们经常强调加大办案"力度"，这个"力度"实际就是办案数量、质量、效率、效果的有机统一。

二是强调整体评价。评价指标是对一个检察机关、一级检察院整体业务的评价，不是对某一部门的评价，也不是对某一部门的某一项业务工作的评价。要突出对检察院整体业务、重点工作的评价，指标要在反映检察业务的主要矛盾和主要环节中牵一发而动全身的矛盾主要方面，在有效引导检察职能更好发挥和克服薄弱点方面发力。整体评价，不是"眉毛胡子一把抓"，而是要基于法律监督基本职能，注重对检察机关主要业务、重点业务进行评价，反映检察业务的主要矛盾和矛盾的主要方面，所以这次修改重点突出"四大检察"的主要职责和主要环节，并非每个条线指标都等量齐观。这里要突出强调，各业务条线不能仅凭这些指标来代替业务指导，或者有的条线没有指标或指标较少，就弱化了业务指导。各业务条线要围绕评价指标，结合其他业务数据，加强综合分析指导。

三是注重组合评价。指标之间要注重协调性、关联性、整体性，从单一指标向关联、协同指标发展。这次修改，强化指标之间的相互关联和制衡，比如，力度指标与质量指标组合评价，将"刑事抗诉率"与"刑事抗诉采纳率"组合，体现"有数量的质量和有质量的数量"；比如，有关联的不同指标组合使用，将"撤回起诉率"和"无罪判决率"组合，避免为降低无罪判决率，将法院拟判无罪案件作撤回起诉处理。组合评价指标是第一次提出，这次修改共有 13 组 28 项指标，明确为应当组合使用的指标，必须组合评价业务工作。

四是注重实绩评价。仅靠人坐在办公室统计，就能把数字提上去的指标，不能要。要明确业绩导向，引领检察人员通过高质效办案取得实实在在的工作成效。考核指标的设置，必须要引领检察人员做出"实绩"，这样的考核评价才有意义。比如，侦查活动违法监督，有地方提出将"口头纠正"纳入指标体系。我们跟相关业务厅研究后认为不妥，口头纠正极易引发数据"注水"、数据造假，就没有纳入，这就是注重实际。这次修改删减不易客观反映工作质效、数据易有"水分"不易核查或非重点业务的指标，如"刑事撤回抗诉率"，实践中撤回案件很少。据统计，2022 年全国抗诉 6817件，撤回抗诉 910 件，平均每省只有三十件左右，而且相当一部分是认罪认罚被告人反悔上诉引发抗诉，之后被告人又撤诉引发撤抗。因此，设置这个指标实践意义不大，予以删除。同时，将撤回抗诉数从刑事抗诉率的分子中去除，防止撤回抗诉数量有较大波动。

二、 关于评价指标修改的主要内容

这次修改，将原来的 60 项指标精简为 46 项。其中，删除 17 项，增加 4 项，修改 10 项，保留 25 项，有 8 项涉及拆分与合并。包含力度指标 12 项、质量指标 29 项、效果指标 2 项，另有 2 项中性指标、1 项综合指标。13 组指标设为组合使用指标。

（一）核心指标

核心指标只有 1 项，"案－件比"。这次核心指标"案－件比"没有修改，但也存在一些问题需要说明。在 2019 年 7 月，"案－件比"作为一个评价指标就开始在检察机关内部试用（案管办对 2019 年 1—6 月全国"案－件比"进行分析，对指标数据过高的进行重点指导，在全国大检察官群提出明确要求），2020 年 1 月最高检印发的《检察机关案件质量主要评价指标》正式列入。目前，"案－件比"已经成为检察机关自我加压、自我评价、自我管理的重要指标，更成为引领检察工作尤其是审查逮捕、审查起诉工作的"指挥棒"，切实有效地推动着检察工作机制、检察办案作风的实质性转变。以全国检察机关刑事检察工作为例，2019—2022 年，"案－件比"分别为 1 : 1.87、1 : 1.43、1 : 1.15、1 : 1.1，"件"的数值同比分别减少 0.02、0.44、0.28、0.05 个百分点，相当于分别压缩了约 2.9 万、41.2 万、45.2 万、6.6 万个非必要办案环节，程序空转问题得到有效解决。

应当说，"案－件比"指标运用以来成绩很大，但我们在调研中发现问题也很多，特别是基层院检察官意见尤其大，主要集中在三个方面：一是部分检察院为追求数据好看，不顾实际情况、不管案件类别差异，严格控制退回补充侦查和延长审查起诉期限，造成"该退不退、该延不延"，导致案件证据不足起诉到法院后又撤回起诉等问题；二是有的检察官为了降低"案－件比"，采取取保候审、监视居住等强制措施，虽减少了"三延两退"环节，可办案时间不降反增的问题；三是有的检察院把"案－件比"指标直接套用在每个检察官身上，定期通报，压力大、"内卷"严重。不同检察官办理的案件类型不同，案件的难易复杂程度不同，把考评一个检察院的"案－件比"指标，最后放在一个检察官身上，最后反噬出来的结果就是，认为"案－件比"指标有问题。

针对这些问题，这次修改过程中，主要有两种不同的意见和修改方案：一是针对建议调整"件"的选取范围，比如问题最突出的是"一延一退"，建议将"一次退回补充侦查""一次延长审查起诉期限"扣除；二是建议增加"平均办案时长"指标，出现在2023年2月份向全国征求意见的《征求意见稿》中。

应当说，这些问题是客观存在的，提出的意见也具有针对性，但最终没有采纳，主要原因是，这些问题不是指标设置产生的，而是指标运用不正确产生的。应勇检察长明确指出，"案－件比"指标不需要优化，"案－件比"指标运用需要优化。追根溯源，造成上述问题的原因，就是没有严格遵照最高检要求，在指标运用中走形了。最高检三令五申对达到通报值的指标，不得通报具体数值、不得再排名。最高检对刑事检察"案－件比"设置了通报值1.33，同时，结合普通犯罪、职务犯罪、重大犯罪、经济犯罪等不同情形，分类设置了1.3、1.6、1.6和1.8的参考值。根据基层院的具体情况，又增加全国基层院参考值1.25。2022年，全国"案－件比"均达1.33的通报值，最高的地方"案－件比"也才1.22，最低已经达到1.02，已经很低了，几乎接近1∶1。而各地在达到通报值以后，还在无限追低，造成了没有最低，只有更低。就是因为达到了通报值还要通报排名，才促使检察官挖空心思地采取取保候审、监视居住等措施来降低"案－件比"，造成了办案时长的增加。在这种情况下，就不要通报具体数值、也不再排名，让检察官把主要精力放在提高办案质效上去，自然就没有过重压力、过分"内卷"，也就没有必要挖空心思地通过取保候审、监视居住这种方式搞变通，更不会"该退不退、该延不延"带病起诉。病因找到了，问题消除了，自然就不需要修改了。而且"一延一退"占"三延两退"的83.8%，删除后就等于掏空了"案－件比"的实质内容，也不利于通过"案－件比"对办案工作的宏观评价。另外，增加"平均办案时长"重复评价办案效率，可能造成更大的"内卷"，办案人员为了追求更短的办案时间，审查起诉认定的十项犯罪事实中只查证七八个就诉出去，感觉效率提高了，实际上是牺牲了办案质量，影响了司法公正。

所以综合考虑，我们对该指标没有修改。对"案－件比"指标的运用，这里要强调两点：第一，正确理解。我们往往把"案－件比"指标当成一种效率指标，这是错误的。"案－件比"指标是核心指标，牵一发而动全身；"案－件比"指标是综合指标，全面反映办案质量、效率和效果，甚至包括力度。如一个刑事案件，只有一个程序高质量办好了，才可能减少下一个程序，这就要求办案的高质量；减少了办案程序，自然提高了办案效率；办案质量、效率提高，司法资源耗费减少，当事人讼累减轻，人民群众正面感受就更好。只有从质量、效率、效果三个维度去正确理解"案－件比"，才能认识到"案－件比"作为核心指标的地位和作用。如果把"案－件比"当成效率指标，压缩办案的时长，压缩办案的环节，实际是为了效率，降低了质量，牺牲了效果。第二，正确运用。就是达到

"案－件比"通报值后，地方各级院不得再通报具体数值，不得再排名。检察官破除"退""延"思想负担，切实从保证案件质量出发，该"退"的要"退"，该"延"的要"延"。这样减轻了办案压力，"反管理"现象也会相应减少。通报值并不是达到的最低值，上下还是可以浮动的。

（二）通用指标

通用指标，就是整个检察业务都适用的、具有共性特征的一些指标，例如检察机关参与社会综合治理领域的相关工作、对被害人的权利救济、落实监督办案一体化要求等方面，各项检察业务都与之息息相关。这次修改，通用指标新增 1 项、修改 3 项、删除 3 项。修改后通用指标共 4 项：刑事申诉纠正率、内部移送法律监督线索成案率、社会治理检察建议采纳率、司法救助率。

1. 刑事申诉纠正率。"被刑事申诉纠正率"指标名称修改为"刑事申诉纠正率"，一字之差，但有本质区别。2020 年印发《评价指标》时确定了"刑事申诉纠正率"这项指标，作为控申检察的主要评价指标。在适用过程中，大家分不清是对原案办理质量的评价，还是对刑事申诉案件办理质量的评价，也有同志认为这项指标既是对审查逮捕、审查起诉工作的负面评价，又是对控申工作的正面评价，存在相互矛盾。所以 2021 年修订时，对该指标进行了两个方面的调整：一是将该指标纳入通用指标，不再作为控告申诉检察案件的评价指标，也就不存在对控告申诉工作的负面评价。二是将指标名称修改为"被刑事申诉纠正率"，这里的"被"字从无到有，明确了是对原案办理质量的评价。

这次修改，有同志提出，"被刑事申诉纠正率"的"被"字更多体现的是检察机关内部不同业务部门之间的责任关系，表述不清，也容易造成误解。经研究，又把"被"字删除了，这里的

"被"字又从有到无，虽然和2020年指标名称相同，看似回到起点，实际上是螺旋式上升了：第一，评价的仍然是原案办理质量；第二，体现了对一级院业务的整体评价，而不是对某个条线或者系统内上下级工作的评价。

2. 内部移送法律监督线索成案率。这是新增指标。增加该项指标的主要考虑有三点：一是为了促进检察一体化履职。检察机关是领导体制，最高检领导地方各级检察院和专门人民检察院的工作，上级检察院领导下级检察院的工作，这是法律的明确规定。发挥检察机关领导体制的优势，就要实现检察一体化履职，这是检察权行使方式和检察改革的方向，有利于强化法律监督职能、规范检察权运行、优化检察资源配置。增设内部移送法律监督线索成案率指标，目的就是推动检察机关内部上下级之间、各部门之间的监督配合，促进上下联动、一体化履职，以融合促质效提升。二是为了进一步推动检察机关内部移送法律监督线索的工作衔接。2022年5月，最高检印发《人民检察院内部移送法律监督线索工作规定》，具体规范了检察院各部门在工作中发现或者收到执法司法等方面的问题、反映，需要人民检察院其他相关部门开展监督线索的移送问题。规定实施以来，2022年5月至12月，各地检察机关共内部移送法律监督线索25156件，办理线索23267件，已办结20734件，成案17523件，成案率为75.3%，取得较好成效。但各地法律监督线索移送数量还很不平衡。北京、浙江、江苏、西藏、湖南5个省（区、市）共移送线索11424件，占各地移送线索的45.4%，8个省（区、市）移送线索数量均在200件以内，说明有的地方尚未对发现并移送法律监督线索工作予以应有重视，衔接工作不到位，有相当部分线索可能流失了。而增加了该指标，就会引起各级检察院和全体检察人员对这项工作的重视，做好内部移送法律监督线索的工作衔接。三是为了进一步规范法律监督线索的移送。目前，法律监督线索移送、接收、办理的规范化程度还不够高。如有的地方发现法律监督线索后未严格按照规定通过案管部门移送，有的线索移送材料不齐全，报表信息填录不准确，审批流程不规范等。这也通过增加该项指标来有效解决。

这里需要着重说明的是，在增设内部移送法律监督线索成案率指标的同时，删除了原有的"移送涉嫌犯罪线索立案率"指标。主要考虑是，移送涉嫌犯罪线索后相关部门是否立案不易核对，比如移送公安机关、监察机关的涉嫌犯罪线索是否最终得以立案，不能及时得到反馈，而系统填录的相关数据也无法核对，数据易失真，考虑到已经新增了内部移送法律监督线索成案率指标，因此，将该指标删除。

如何理解和运用好内部移送法律监督线索成案率指标，主要把握三点：

一是准确把握内部移送法律监督线索的范围。按照《人民检察院内部移送法律监督线索工作规定》的规定，内部移送法律监督线索，是指人民检察院各部门在工作中发现或者收到执法司法等方面的问题、反映，需要人民检察院其他部门开展监督的线索。也就是说，该线索办理不属于本部门职责范围而属于检察机关内部其他部门职责范围，在这种情况下需要内部移送。正常流转的线索，如控告申诉部门接收的信访线索；本条线办理的线索，如需要本条线上级或下级业务部门办理的线索；外单位办理的线索，如需要监委、公安调查侦查的线索，都不属于内部移送法律监督线索的范畴。

二是明确内部移送法律监督线索的程序。如果需要本院其他部门办理的线索，由案管部门直接移送；如果需要本辖区内上、下级院办理，或者不属于本辖区内检察院办理的线索，按照"先横后纵"的原则，统一横向移给案管部门，由案管部门移送至有管辖权的检察院的案管部门。这类线索都要统一经过案管部门后移转相关部门，就是为了避免线索的先成案后移送问题。

三是注重线索移送的质量。这项指标之所以采用"成案率"而不是"移送率"，主要考虑是，仅按移送线索的数量评价容易产生较大"水分"。"成案"侧重反映移送线索的质量，现阶段在抓数量的同时更要强调抓好质量，有利于该项工作的长远发展。

3. 社会治理检察建议采纳率。这项指标是从"社会治理及其他检察建议采纳率"指标修改而来，更加突出对社会治理类检察建议的评价，反映检察机关参与社会综合治理等领域工作的主动性和工作质效。大家对这个指标都比较关注，社会治理检察建议是检察机关强化监督职能、服务社会治理的重要途径，也是检察机关更好发挥监督职能的重要载体，对提升社会治理水平、促进社会治理法治化方面具有十分重要的作用。近年来，全国各级检察机关在办案中发现问题，紧紧围绕社会治理领域制发检察建议，成效显著。但突出问题是，2022 年检察机关共发布社会治理类检察建议 4.8 万余份，其他检察建议 1.5 万余份。"其他检察建议"数据水分较大，一些无法归入再审检察建议、纠正违法检察建议、公益诉讼检察建议、社会治理检察建议的，都作为"其他检察建议"，例如针对律师执业中存在的违规问题向律所发出检察建议，有的院就将其归入其他类检察建议。这次为了突出重点，修改后的指标更侧重于对社会治理类检察建议工作情况评价，在工作中运用好该指标，要把握好两点：

一是严格把握社会治理检察建议的范围。要认真对照《人民检察院检察建议工作规定》第 11 条列举出来的六种情形：（1）涉案单位在预防违法犯罪方面制度不健全、不落实，管理不完善，存在违法犯罪隐患，需要及时消除的；（2）一定时期某类违法犯罪案件多发、频发，或者已发生的案件暴露出明显的管理监督漏洞，需要督促行业主管部门加强和改进管理监督工作的；（3）涉及一定群体的民间纠纷问题突出，可能导致发生群体性事件或者恶性案件，需要督促相关部门完善风险预警防范措施，加强调解疏导工作的；（4）相关单位或者部门不依法履行职责，致使个人或者组织合法权益受到损害或者存在损害危险，需要及时整改消除的；（5）需要给予有关涉案人员、责任人员或者组织行政处罚、政务处分、行业惩戒，或者需要追究有关责任人员的司法责任的；（6）其他需要提出检察建议的情形。这里要提醒大家注意的是，这里的"其他需要提出检察建议的情形"与《人民检察院检察建议工作规定》第5条规定的"其他检察建议"是不同的，是社会治理工作中存在的，除了上述前五种情形之外的，需要有关单位和部门提出改进工作、完善治理的检察建议。不能不看是不是属于社会治理工作相关的建议，就直接放到"其他社会治理检察建议"里面，为了指标数据好看，从原来的其他检察建议"大口袋"装到社会治理这个"其他"的"大口袋"。

二是其他检察建议虽不纳入评价指标，仍然可以进行检察建议工作的统计分析。根据《人民检察院检察建议工作规定》第5条，检察建议包括：（1）再审检察建议；（2）纠正违法检察建议；（3）公益诉讼检察建议；（4）社会治理检察建议；（5）其他检察建议。检察建议的这五种分类，都有其重要意义，虽然没有全部纳入主要评价指标，但作为统计数据也要发挥应有作用。

4. 司法救助率。司法救助率指标，在检察机关坚持"以人民为中心"发展理念，深入开展国家司法救助工作中发挥了较好的引导作用，从2018年1.3万余件上升到2022年的8.1万余件，发放救助金额从1.9亿余元上升到8.6亿余元，并在2020年首次实现了消灭司法救助空白院的工作目标。应该说成效显著，但实践中也存在一些问题：一是一些无被害人案件不具有司法救助需求，各地无被害人犯罪占比差异大、测算基础不平衡，造成指标数据失真，主要是危险驾驶罪，全国年均审查起诉20多万件，占总数的20%以上，有的地方达到50%、60%，甚至更高。不同检察院危险驾驶案件数量差别较大，有的甚至是悬殊，造成司法救助率指标评价司法救助工作的失真。对此，地方反响强烈。二是一些地方将救助金"摊薄"，尽可能多增加人数，导致没救助必要的也救助，最该救助的未最大化救助，且各地经费保障差异大，指标不能客观反映工作好坏。如2023年第一季度，案均发放司法救助金额从2022年同期每件的1.34万元下降到每件0.97万元。针对这些问题，地方提出两种方案：一是建议分母中去除"无被害人的案件"；二是建议删除司法救助率指标。对此，在广泛征求意见基础上，我们研究认为，虽然目前司法实践中存在这些问题，但不能"因噎废食"，直接删除该指标不是解决问题的治本之策，比如虽然发放人数增加、案均发放金额减少，但发放总金额是上升的，一季度发放司法救助金1.2亿元，同比上升近七成。也就是说这项指标发挥了较好的正向引导作用，所以这次修改"司法救助率"指标，只是优化调整了计算公式分母的取值范围，限定为"有被害人刑事案件数"，对没有被害人的案件不再纳入统计。而对司法救助金"摊薄"问题，十厅提出要加强针对性指导，案件管理部门也要加强对这类案件的数据检查和质量评查。

5. 删除了原有的2项指标。删除"刑事申诉案件息诉率"和"刑事赔偿率"。应该说，这两项指标发挥了积极作用，刑事息诉和赔偿工作都得到了长足发展，但这两项指标在运行中也存在一些问题：一是根据《信访积案清理活动案件办结标准》（2020年9月3日十厅印发；重复信访治理"十条措施""九条标准"）的要求，"息诉"是以案件办结后半年内未重复访为标准，但结案后超半年又申诉也符合受理条件，故对是否"息诉"的标准不易把握，也容易导致数据失真。二是"刑事赔偿率"指标存在的问题是，因该指标为负向评价，造成有的该启动赔偿而不启动。2022 年全国"刑事赔偿率"仅为 0.1%。而检察机关办理的刑事赔偿案件多为无罪逮捕案件，对此已有"无罪判决率"等指标进行评价，因此予以删除。

（三）审查逮捕业务指标

审查逮捕业务指标删除了 2 项指标，修改后仅保留了"不捕率""不捕复议/复核改变率" 2 项指标，并进一步强调"不捕率"是中性指标，作为"不捕复议/复核改变率"的参照指标，用于综合评价不批准逮捕案件的质量。

删除的 2 项指标为"捕后不诉率""捕后判轻缓刑、免予刑事处罚率"，这个问题是地方反映较为集中的问题。

删除"捕后不诉率"的主要考虑有两点：一是逮捕和起诉的标准存在差异，"捕后不诉率"不能完全反映批捕的质量。二是对犯罪嫌疑人认罪认罚的轻微刑事案件依法作出相对不起诉决定，符合我国当前的刑事司法政策，既能化解矛盾，又能提高诉讼效率、优化司法资源配置，对促进社会和谐稳定具有重要意义，值得提倡。但将捕后不诉率作为评价指标，不符合司法实际，实践中也一定程度地影响了认罪认罚制度的适用。

删除"捕后判轻缓刑、免予刑事处罚率"的考虑有两点：一是捕后判处缓刑不意味着逮捕质量存在问题。判处免刑是对被告人作了有罪判决，与逮捕的条件并无冲突，不能就此评价审查逮捕质量。二是大部分案件是由于和解、赔偿、认罪认罚等因素判处缓刑，而作相应调整，一些免刑案件的判处也是由于和解、赔偿、认罪认罚等因素。

因此，在检察机关积极开展刑事和解、认罪认罚等工作中，为精准评价审查逮捕质效，重点抓好对法院判处无罪等案件的评价，删除了上述两项指标。另外，审查起诉业务指标中的"判处免予刑事处罚率"因同样理由，也一并删除。

删除这些指标，不是说这些数据就不分析了，统计分析中仍然还要用，只是不再作为负向的评价指标了。

（四）审查起诉业务指标

修改后审查起诉业务指标共7项：不诉率、不诉复议/复核改变率、认罪认罚适用率、确定刑量刑建议采纳占比率、诉前羁押率、撤回起诉率、无罪判决率。重点介绍下本次修改的几项指标：

1. 确定刑量刑建议采纳占比率。认罪认罚制度相关指标原来有3项，其中认罪认罚适用率是原来就有的，这次予以保留，通报值是80%。另外，就是将"确定刑量刑建议提出率""确定刑量刑建议采纳率"合并为"确定刑量刑建议采纳占比率"。为什么合并？一是精简指标。使用法院采纳确定刑量刑建议人数占认罪认罚案件提出量刑建议总数的百分比，这样既精简了指标，也能够明确评价的导向。这次修改还给这项新指标设置了通报值85%。之所以设置为85%，是经过测算，2020年全国数值为70.8%，2021年为89.5%，2022年为95.2%。为了更好推动新指标的适用，综合考虑原"确定刑量刑建议提出率""确定刑量刑建议采纳率"75%、90%的通报值设置，同时也为了推动认罪认罚制度良性、健康发展，最终将新指标的通报值设为85%，也是留有余地，防止过度"内卷"。二是突出确定刑量刑建议的导向。引导检察官提升量刑建议，特别是提出精准量刑建议的能力，大力推动确定刑量刑建议的提出，提倡多提确定刑量刑建议，少提幅度刑量刑建议。

2. 增设"诉前羁押率"通报值为35%。关于诉前羁押率指标，强调两点：

　　一是关于诉前羁押率的指标名称。是"审前羁押率"还是"诉前羁押率",存在不同认识。学术界使用"审前羁押率"的概念,用来评价在法庭审判前被告人被羁押的比例。这次修改过程中,有的建议指标名称更改为"审前羁押率"。应当说"审前羁押率"更符合国际上的通用称谓,但之所以使用"诉前"而不是"审前"概念,主要有三个原因:第一,我国批捕权在检察机关,而国外相当多国家的批捕权在法院。所以国外用"审前"羁押更合理,我们用"诉前"羁押更合理(一厅坚持此观点)。同时,在统计上也更便利。第二,检察机关不起诉制度也决定了,有一部分羁押案件作了不起诉处理,而不起诉是终结性处理决定,如果这部分案件不计算在内就不完整、不科学,也不符合实际。第三,检察机关起诉到法院及开庭审判前这一阶段,法院变更被告人羁押强制措施的数据我们无法及时掌握。因此,使用"诉前"而非"审前",更全面反映犯罪嫌疑人在刑事诉讼检察环节的强制措施状态,也是对检察机关工作的客观评价,否则就名不副实。这次修改未予变更指标名称和指标含义(检察机关审查起诉审结的案件中采取羁押措施人数占同期审查起诉案件审结人数的百分比。计算公式仍为:提起公诉时逮捕人数 + 刑事拘留人数/同期起诉人数 + 不起诉人数)。

　　二是关于诉前羁押率的通报值设置。经过测算,自该指标适用以来数值不断下降,特别是 2021 年和 2022 年诉前羁押率分别是 42.7%、26.7%,呈现大幅下降趋势,2022 年最低的省份诉前羁押率为 15.9%,且 27 个省份低于 35%。可能会导致应该羁押的没有羁押,造成犯罪嫌疑人不在案影响诉讼,或者再次犯罪影响社会治安。经研究,为防止从一种倾向走向另一种倾向,将诉前羁押率限定在一定的合理区间内,设置了 35% 的通报值。

　　另外,需要说明的是,为防止一些地方追求较低"诉前羁押率"而导致非羁押的犯罪嫌疑人脱管,原拟增设"提起公诉时被告人到庭率"指标，与"诉前羁押率"组合使用。但调研时地方提出，实践中被告人提起公诉时无故不能到案的极少，据统计，2022年因被告人不到案被退回案件1415件，仅占检察机关审查起诉审结案件数的0.14%，非正当理由不到案的占比极少，评价意义不大，因此没有新增该指标。

3. 将"撤回起诉和无罪判决率"拆分为"撤回起诉率""无罪判决率"。主要出于三点考虑：一是原来"捕后不诉和无罪判决率""撤回起诉和无罪判决率"两项指标中的"无罪"数是重复统计的。二是无罪数远低于捕后不诉和撤回起诉数，在同一指标中衡量，容易给社会造成"无罪案件多"的错误认识。据统计，2022年无罪判决271人，仅占撤回起诉和无罪判决数的10.6%。三是"撤回起诉率"和"无罪判决率"对审查起诉业务的质量评价程度是不同的。撤回起诉可能的情形较多，有七种情形：（1）不存在犯罪事实的；（2）犯罪事实并非被告人所为的；（3）情节显著轻微、危害不大，不认为是犯罪的；（4）证据不足或证据发生变化，不符合起诉条件的；（5）被告人因未达到刑事责任年龄，不负刑事责任的；（6）法律、司法解释发生变化导致不应当追究被告人刑事责任的；（7）其他不应当追究被告人刑事责任的。尤其是因为"证据发生变化，不符合起诉条件""法律、司法解释发生变化导致不应当追究被告人刑事责任"两类情形撤回起诉的，不能说明起诉质量存在问题。其他撤回起诉情形也是检察机关发现错误主动纠错主动撤回，因此指标分开更有利于客观掌握不同指标的情况，特别是无罪判决的情况，突出评价重点。因此，删除了"捕后不诉和无罪判决率"，将原"撤回起诉和无罪判决率"拆分为"撤回起诉率"和"无罪判决率"。

4. 删除其他3项指标。一是删除"判处免予刑事处罚率"，理由在前面介绍"捕后判轻缓刑、免予刑事处罚率"删除理由时已经提到。二是删除"促成当事人双方和解率"和"开展追赃挽损工作率"。删除的主要考虑是,两项指标的数据不易核查,不能完全客观反映各地工作情况。

（五）刑事诉讼监督业务指标

对诉讼活动的监督,始终是检察机关法律监督工作的重点,同时也是我们目前工作的薄弱环节,应勇检察长也特别指出,诉讼监督只能加强不能削弱,事关检察机关法律监督职能、充分反映法律监督质效的指标必须保留,甚至有必要的可以增加。所以这次修改仅删除"刑事撤回抗诉率"1项指标,其余都保留。修改后指标共10项:监督立案率,监督立案判处有期徒刑以上刑罚率,监督撤案率,侦查活动违法监督率,书面纠正侦查活动违法采纳率,纠正漏捕、漏诉率,纠正漏捕、漏诉判处有期徒刑以上刑罚率,刑事抗诉率,刑事抗诉采纳率,刑事审判活动违法监督采纳率。

1. 修改"监督立案率"指标含义。关于立案监督业务指标,共有3项,分别是监督立案率、监督撤案率、监督立案判处有期徒刑以上刑罚率。这3项仅修改了"监督立案率"指标含义。原指标含义是"监督侦查机关立案数占同期立案监督案件受理数的百分比",体现的是受理立案监督申请的成案质量,不能反映检察机关依职权行使监督工作的力度和成效。特别是有的地方受理申请数较少而依职权监督数量较多,指标就会出现超百分之百的情况。2022年,立案监督率全国平均94.2%,9个省份超100%。因此,将指标计算分母调整为"同期审查起诉案件受理数",就是要引导"多监督"、有质量的监督。

需要特别强调的是,监督立案率、监督撤案率、监督立案判处有期徒刑以上刑罚率,这三项指标要组合起来使用,一方面要求我们增加监督的力度,防止有案不立造成放纵犯罪,或者该撤不撤导致冤枉无辜；另一方面还要突出监督重点，加强对可能判处有期徒刑以上刑罚的案件的立案监督，防止出现片面追求监督立案数的消极现象。

2. 修改"侦查活动违法监督率""书面纠正侦查活动违法采纳率"指标说明和计算规则。按照《关于健全完善侦查监督与协作配合机制的意见》，检察机关依托侦监协作办公室对侦查活动违法监督有三种方式：口头纠正、侦查活动监督通知书和纠正违法通知书。为了进一步发挥侦查监督与协作作用，强化法律监督，这次修改将"侦查活动监督通知书"纳入"侦查活动违法监督率""书面纠正侦查活动违法采纳率"的统计范围。

考虑到口头纠正极易引发数据"注水"、数据造假。经研究，最终确定，未将"口头纠正"纳入指标体系。但实践中，不能因为"口头纠正"未纳入指标体系，实践中就有所偏废。侦查监督与协作仍作相关统计，作为一种监督形式灵活、对方更易接受的一种方式，要在实践中继续探索应用，发挥作用。

3. 删除"刑事撤回抗诉率"。主要原因是，实践中撤回抗诉案件很少。据统计，2022年，全国刑事抗诉6817件，撤回抗诉910件，平均每个省份二三十件，而且认罪认罚被告人反悔上诉引发抗诉、之后被告人又撤诉引发撤回抗诉还占相当一部分，约占4成（一季度撤回抗诉97件，因被告人撤诉引发撤回抗诉的39件）。所以设置这个指标的意义不大。删除"刑事撤回抗诉率"指标后，为了防止刑事撤回抗诉出现大起大落，这次修改将撤回抗诉数从"刑事抗诉率"指标的分子中予以去除。如果撤回抗诉数量多，就会直接降低刑事抗诉率指标的数值。通过这种方法，来把删除这项指标可能造成的负面影响降到最低。

（六）刑事执行检察业务指标

这次修改，刑事执行检察业务的指标变化很大。原来刑事执行检察业务指标有 5 项，目前变成了 4 项，看似只少了 1 项，其实上作了很大的修改，把具体业务指标都打散了，做了系统整合。刑事执行检察业务最重要的工作大体可以分为两类：一类是对刑罚执行的监督，另一类是日常监管活动的监督。因此，这次修改增加"减刑、假释、暂予监外执行书面提出监督意见率"，与原有的"减刑、假释、暂予监外执行书面监督意见采纳率"作为一组指标，评价对减刑、假释、暂予监外执行不当的监督力度和质量；将原来的"监狱、看守所监管活动书面监督意见采纳率""监外执行书面监督意见采纳率""财产刑执行书面监督意见采纳率""事故检察书面监督意见采纳率"4 项质量指标，合并到新增的"刑罚执行和监管活动严重违法行为书面监督意见采纳率"，与新增的"刑罚执行和监管活动严重违法行为书面提出监督意见率"作为一组指标，评价对刑罚执行和监管活动严重违法行为的监督力度和质量。

修改后的刑事执行检察业务指标共 4 项：（1）减刑、假释、暂予监外执行书面提出监督意见率；（2）减刑、假释、暂予监外执行书面监督意见采纳率；（3）刑罚执行和监管活动严重违法行为书面提出监督意见率；（4）刑罚执行和监管活动严重违法行为书面监督意见采纳率。这样，通过增加两个力度指标，合并三个质量指标为一个指标，保留一个质量指标，就更加突出了刑事执行检察业务的主责主业，也突出了监督的重点，同时实现了工作力度与质量的平衡。

特别强调的是，为了防止"扔一个烟头发一个书面意见"这类凑数情况的发生，在指标说明中明确了"严重违法行为"的范围，也就是 20 种严重违法情形的内容。具体包括：

（1）应当收监而拒绝收监的或者不应当收监而收监的；

（2）应当释放而没有释放或者不应当释放而释放的；

（3）安全防范警戒设备不完备存在重大安全隐患的；

（4）违法违规使用禁闭、戒具、临时固定约束、单独关押、严管等措施的；

（5）超时超体力劳动等侵犯被监管人合法权益的；

（6）殴打、体罚、虐待被监管人的；

（7）混管混押的；

（8）违法违规传递信件、物品或者违法违规安排会见的；

（9）未落实直接管理被监管人的；

（10）违法留看守所服刑的；

（11）监管场所存在违禁品的；

（12）存在警察脱岗等失职、渎职行为的；

（13）社区矫正对象报到后，社区矫正机构未履行法定告知义务，致使其未按照有关规定接受监督管理的；

（14）违反规定批准社区矫正对象离开所居住的市、县，或者违反人民法院禁止令内容批准社区矫正对象进入特定区域或者场所的；

（15）社区矫正对象违反监督管理规定或者人民法院的禁止令，未依法予以警告、未提请公安机关给予治安管理处罚的；

（16）公安机关未依法将应当收监执行的社区矫正对象送交看守所、监狱，或者看守所、监狱未依法收监执行的；

（17）财产刑执行立案活动违法或者延期缴纳、酌情减少免除罚金，中止执行、终结执行违法的；

（18）被执行人有履行能力、应当执行而不执行的；

（19）刑事裁判全部或者部分被撤销后未依法返还或者赔偿以及执行的财产未依法上缴国库的；

（20）其他严重违法行为。

以上 20 种情形中，第 1—12 项是监狱、看守所监管活动中的严重违法情形；第 13—16 项是社区矫正严重违法情形；第 17—19 项是财产刑执行严重违法情形。列举的都是三大执行监督的监督过程中严重违法情形，突出监督重点。

（七）直接受理侦查案件业务指标

直接受理侦查案件业务指标原来有 3 项，"撤销案件率""直接受理的侦查案件不起诉率"和"直接受理的侦查案件有罪判决率"，均为质量指标。这次修改，将这 3 项指标合成 1 项，即"立案直接受理侦查案件有罪判决率"。通过直接受理的侦查案件法院判处有罪人数占同期直接受理侦查案件立案人数的比率，一方面可以规制侦查部门立案后又撤销案件的情况，另一方面也可以科学反映和评价侦查案件的办理质量，将原来孤立的 3 项指标，有机结合在了一起。

需要说明的是，这次直接受理侦查案件业务没有增设力度指标。但这并不是说直接受理侦查案件不需要加强办案力度，而恰恰是因为直接受理侦查案件的办案力度指标太重要了，怕设置的指标不科学影响办案力度，才没有设置。为了设置一个直接受理侦查案件的办案力度指标，我们广泛深入调研，与五厅专题研究，先后提出四种不同方案：一是参照原反贪考评做法，增设人均办案量指标；二是按照办案的"三年基数"进行考评；三是增加"直接受理侦查案件起诉占比率"，横向与本地监察机关办理职务犯罪案件进行比较；四是以直接受理侦查案件起诉数除以本地区司法人员总数等。四种方案各有利弊，经过反复研究讨论，尚未找到一项较为科学合理的指标。所以在这里，我们也跟基层的同志们提个建议，各地在开展相关工作时，加强探索和总结，我们可以推广在全国使用，待时机成熟再予增加。

（八）民事检察业务指标

民事检察业务指标整体调整不大，删除了 1 项"民事提请抗诉案件采纳率"，保留了其他 5 项指标：民事裁判案件监督率、民事抗诉改变率、民事再审检察建议法院采纳率、民事审判违法监督检察建议采纳率、民事执行监督检察建议采纳率。

删除"民事提请抗诉案件采纳率"的主要考虑是，"民事提请抗诉案件采纳率"反映的是上级检察机关对下级检察机关提请监督质量的监管，属内部监管，所以予以删除。

民事检察业务指标主要是修改通报值，5 项指标都增设或者调整了通报值。这也是大家比较关注的，有的地方看到印发的指标后询问，为什么民事检察业务增加了这么多通报值，是有什么特殊考虑吗？其实，通报值的设置就是要根据实践运行情况进行适时调整的，以符合实际情况。

1. 增设"民事裁判案件监督率"通报值为 10%。从法院再审规律来看，最高法进入再审程序并改判的案件比率一般不超过 5%。民事检察监督在审判监督程序之后，应该也不会太高。从全国数据看，2020 年为 21.1%，2021 年为 18.2%，2022 年为 20%。为遵循民事监督规律，结合全国数据情况，为工作留有余地的情况下，最终设置通报值为 10%。

2. 增设"民事抗诉改变率"通报值为 75%。据统计，2020 年、2021 年、2022 年，该指标全国数据分别为 80.6%、88.1%、91.7%。调研中，地方普遍反映，压力比较大。就这个问题，我们和六厅专门进行了研究，认为数据不断攀高可能会产生数据"掺水"问题。综合考虑实际情况，也为防止指标数据大起大落，设置通报值为 75%。

3. 增设"民事再审检察建议法院采纳率"通报值为 70%。2020 年、2021 年、2022 年，该指标全国数据分别为 69%、96.9%、95.1%。根据全国数据情况，设置通报值为 70%。

4. "民事审判违法监督检察建议采纳率"和"民事执行监督检察建议采纳率"通报值均由 90% 调整为 80%。据统计，2020 年、2021 年、2022 年，民事审判违法监督检察建议采纳率分别为 98.5%、100%、99.8%，民事执行监督检察建议采纳率分别为 98.3%、100%、99.9%。修改的主要考虑在于，一是给工作留有余地，不"内卷"；二是在调研中，业务厅和地方都反映，现在达到 90% 以上的数据，是设置 90% 的通报值造成的，实际压力过大。为科学引导民事检察工作良性发展，我们和六厅共同研究，根据实践运行的客观情况对原通报值予以调整。

应当说，民事检察业务指标通报值的设置，本着符合实际、留有余地的原则，通报值都不畸高或畸低，正常工作都是能够达到的。

（九）行政检察业务指标

行政检察业务指标的修改主要有两方面的考虑：一是进一步加强对行政诉讼活动的监督；二是平衡民事检察和行政检察指标设置，保持基本统一。

将原来的"行政裁判案件提出监督意见采纳率"指标拆分为"行政抗诉改变率"和"行政再审检察建议法院采纳率"两项指标，就是为了与民事检察指标相一致。保留原行政裁判案件监督率、行政审判违法监督检察建议采纳率、行政执行（含非诉执行）监督检察建议采纳率、行政裁判案件化解行政争议率 4 项指标。

修改后的行政检察指标共 6 项：行政裁判案件监督率、行政抗诉改变率、行政再审检察建议法院采纳率、行政审判违法监督检建议采纳率、行政执行（含非诉执行）监督检察建议采纳率、行政裁判案件化解行政争议率。

考虑到民事审判违法监督检察建议采纳率和民事执行监督检察建议采纳率均已设置通报值，并且这次修改将两个指标通报值调整为80%，所以行政检察业务指标修改增设"行政审判违法监督检察建议采纳率"和"行政执行（含非诉执行）监督检察建议采纳率"通报值为80%。[据统计，2020年、2021年、2022年，行政审判违法监督检察建议采纳率分别为97.7%、100.9%、99.98%，行政执行（含非诉执行）监督检察建议采纳率分别为95.9%、101.2%、101.8%。]

（十）公益诉讼业务指标

这次修改，公益诉讼业务指标未调整，仅新增"诉前整改率"通报值为85%。公益诉讼业务指标存在的问题主要在于，公益诉讼诉前整改率整体偏高。据统计，2020年、2021年、2022年，该指标全国数据分别为99.4%、99.5%、99.8%。2022年最低的省份数据也达到98.7%。为了扭转公益诉讼只重数量不追求监督质量的状况，鼓励各地多办"硬骨头案"，这次通报值设定为85%。

（十一）未成年人检察业务、知识产权检察业务的指标

未成年人检察业务指标作了较大修改，突出了主要职责、重要工作和特色亮点工作，保留"附条件不起诉率"1项指标，将通报值从20%调整到30%；增加了"综合履职适用率"指标；删除了"性侵未成年人案件引导侦查取证率""督促监护率""社会调查适用率"3项指标。知识产权检察业务指标，也增加了"综合履职适用率"指标。

1. 增加了"综合履职适用率"指标。未成年人检察与知识产权检察具有特殊性，很难量化、考核，前面的一些刑事、民事等指标

有的有所涉及，设计专门的指标，怎么体现特色，比较难。为了推动集中统一履行未成年人、知识产权领域刑事、民事、行政、公益诉讼职能，实现未成年人、知识产权"四大检察"协同发展和贯通融合，体现业务特色和亮点，这次修改增加了"综合履职适用率"。

为了对未成年人检察与知识产权检察综合履职情况进行精准评价，通报时，将对该指标分两项通报。但指标还是 46 项中的一项指标。

2. "附条件不起诉率"通报值从 20% 调整到 30%。附条件不起诉适用率由 2018 年的 12.1% 升至 2021 年的 29.7%，2022 年的 36.1%。2022 年全国最高的省份达到 55.5%。经对适用率较高的省份进行专题调研，附条件不起诉质量总体较好，目前绝大多数省份适用率都已经超过 20%。因此，当时有一种方案提出，如果通报值继续设置为 20%，会导致绝大多数省份的通报中没有未成年人检察的指标数据，不利于各省级院掌握情况，建议对该指标正常通报，不再设通报值。但是，调研中大家普遍反映，不设通报值可能导致附条件不起诉率盲目追高，不符合未成年人办案实际。经研究，采纳了大家的意见，通报值调整为 30%。目前，达不到 30% 通报值的只有 6 个省份。

对于附条件不起诉的适用，要注意三点：一是达到通报值就不要再追高了，凡是涉及通报值的指标，都会反复强调。二是不能为了追求附条件不起诉率，将原本符合不起诉条件的案件，按照附条件不起诉处理。三是可以结合附条件不起诉后又起诉率等统计数据进行综合分析研判。

3. 删除"性侵未成年人案件引导侦查取证率""督促监护率""社会调查适用率" 3 项指标。主要考虑是，这些类型不是未检业务最核心最具普遍性的问题，而且，引导侦查取证在实践中难以把握，容易出现凑数、虚高；督促监护业务作为一项新兴业务，标准尚未完全定型；有些地方为追求"社会调查适用率"指标排名，多次反复开展社会调查，有的社会调查适用率甚至高达 600%，反而给未成年人造成新的伤害。因此，删除这 3 项指标。

（十二）控告申诉检察业务指标

考虑到"首次控告申诉信访案件化解率"指标需要以案件办结后半年内未重复访作为化解标准，不易对"化解"作出客观、科学评价，本次修改予以删除。

修改后控告申诉检察业务指标 1 项，为"国家赔偿决定改变率"指标。这次修改将"本院逾期未作出赔偿决定，上级检察院或法院赔偿委员会直接决定赔偿案件数"纳入"本院赔偿决定改变数"。这样更加客观、全面评价国家赔偿工作情况，各地在执行中要注意指标修改的工作导向。

三、 关于如何理解和适用评价指标需要把握的几个问题

（一）关于中性指标的理解和适用

在这次修改中，进一步强调了不捕率、不诉率是中性指标。其实，2020 年 1 月首次发布《评价指标》时就明确不捕率、不诉率是中性指标。本次修改是针对实践中存在的错误认识进行的再一次强调，是因为这两个指标在实际运用中出现了许多问题。我们在调研中发现，许多地方把这两个指标当成正向指标，追求越高越好，有的地方把它当成核心指标，这就是运用错误。

什么是中性指标。中性指标，顾名思义就是符合司法实际的客观存在。相对于正向或者负向评价指标而言，既不是正向的越高越好，也不是负向的越低越好。根据实际，该多少就是多少，是多少都是最好。

为什么是中性指标。之所以说不捕率、不诉率是中性指标，是因为审查逮捕、审查起诉应当严格按照法律规定，当捕则捕、当诉则诉，不能人为提高或降低批准逮捕、提起公诉的标准。不捕率、不诉率的高低，不是由检察官决定的，而是与公安机关办案质量密切相关，公安机关对提请逮捕案件、移送起诉案件把关严格，检察机关作出不捕决定、不诉决定的案件就可能少，不捕率、不诉率相应就可能低；公安机关对提请逮捕、移送起诉案件把关不严格，检察机关作出不捕决定、不诉决定的案件就可能多，不捕率、不诉率相应就可能高。而且，公检两家对于逮捕、起诉标准还存在认识把握的差异程度。因此，不能将不捕率、不诉率高低简单等同于检察机关审查逮捕、审查起诉办案质量的高低。如果人为将这两个指标设定为正向指标，或者是负向指标，都不符合实际。这也是确定不捕率、不诉率是中性指标的根本原因。

修改的相关考虑。调研中，发现有的省份错误理解和运用中性指标，把不捕率、不诉率错误地理解为正向指标，甚至有的省份设为核心指标，要求下级院不断追求不捕率、不诉率越高越好，2022年全国不捕率平均43.4%，不诉率平均26.3%，个别省份不捕率达到56.6%，不诉率达到37.2%。有的公安机关对此意见较大。针对这些问题，修改过程中，大家提出了不同的意见。一是建议不捕率、不诉率指标设置通报值，防止各地盲目追高指标数值。二是建议既然是中性指标，是否可以从评价指标中去除，仍然放在统计数据分析中使用。

应当说，这两种建议貌似有道理，但经不起推敲。关于不捕率、不诉率的通报值，有两点不能设置的理由：第一，从理论上讲，既然不捕率、不诉率是中性指标，就不具备正向或者负向评价功能，就不是越高越好，也不是越低越好，当然不能设置通报值。第二，从实践上讲，设置通报值可能会造成审查逮捕、审查起诉工作的不严格执法。一方面因为不捕率、不诉率高低与公安机关办案质量高低密切相关，如果设置通报值，比如 30%，那么当公安机关办案质量高，检察机关不捕率、不诉率低于 30% 时，检察机关为了达到 30% 通报值，就可能出现应当捕而不捕、应当诉而不诉；另一方面，当公安机关办案质量低、检察机关不捕率、不诉率高于 30% 时，为了降到 30% 的通报值，就可能出现不应捕而捕、不应诉而诉。所以一旦设置通报值，就可能带来很大的执法办案负面效果。另外，还要特别指出，设置通报值还可能导致公安机关误解检察机关办案的指标，比如设置不捕率、不诉率 30% 的通报值，出发点是防止不捕率、不诉率太高，最好不要超过 30%，也就是 100 个案件，不捕、不诉的不要超过 30 件。但公安机关对不捕率、不诉率 30% 的通报值，在理解上可能与我们截然相反，他们可能认为移送检察机关 100 个案件，检察机关至少要有 30 个案件作出不捕、不诉决定。

关于建议取消不捕率、不诉率评价指标的问题。应勇检察长指出，审查逮捕、审查起诉是检察机关两项最基本的业务，不捕率、不诉率是两项基本指标。不捕率、不诉率是反映审查逮捕和审查起诉基本情况，反映检察系统内外在办案过程中落实司法政策、办案理念、工作机制等方面情况的重要参考指标，对业务决策、宏观指导起到重要作用，一定要用好。所以，这次修改仍予保留。

如何理解适用。一是严格把握中性指标的特点，不能追求不捕率、不诉率越高越好，不能排名，更不能设为核心指标。中性指标既不正向，也不负向，就是中性，该是多少就是多少。这样的话，就不能排名，不能通报具体的数字，它更多的是检察机关评价检察业务参考的数值。二是从有利于科学指导办案角度，最高检各业务部门、各省级院可以结合本条线、本地区实际情况，通过近几年的相关数据，结合司法政策的调整等，从数据变化情况分析数据异常性、典型性、倾向性问题，加强相关业务指导。可以根据不同情形分类细化应用，如可以从不捕情形、不诉情形、罪名等不同维度对不捕率、不诉率进一步细化分析。三是也可以将中性指标进行组合运用。一方面，应当根据评价指标的明确要求进行组合运用，比如前面提到过的"不捕率"与"不捕复议/复核改变率"组合运用；另一方面，也可以将中性指标与未列入评价指标的统计数据指标进行组合运用。如将提请逮捕率与不捕率组合运用，如果提请逮捕率与不捕率同高，就有必要分析"少捕"理念是否向公安机关传导到位。

（二）关于组合指标的理解和适用

这次修改，明确了13组指标设为组合使用指标。分别是：

（1）不捕率与不捕复议/复核改变率；

（2）不诉率与不诉复议/复核改变率；

（3）认罪认罚适用率与确定刑量刑建议采纳占比率；

（4）撤回起诉率与无罪判决率；

（5）监督立案率与监督立案判处有期徒刑以上刑罚率；

（6）侦查活动违法监督率与书面纠正侦查活动违法采纳率；

（7）纠正漏捕、漏诉率与纠正漏捕、漏诉判处有期徒刑以上刑罚率；

（8）刑事抗诉率与刑事抗诉采纳率；

（9）减刑、假释、暂予监外执行书面提出监督意见率与减刑、假释、暂予监外执行书面监督意见采纳率；

（10）刑罚执行和监管活动严重违法行为书面提出监督意见率与刑罚执行和监管活动严重违法行为书面监督意见采纳率；

（11）民事裁判案件监督率、民事抗诉改变率与民事再审检察建议法院采纳率；

（12）行政裁判案件监督率、行政抗诉改变率与行政再审检察建议法院采纳率；

（13）诉前整改率与对到期未整改的案件提起诉讼案件率。

对组合指标的理解和适用要把握好两点：

一是要组合评价业务工作，切忌单个指标的单独评价。组合评价指标，就是根据检察业务工作的内在联系，确定一组相互关联、相互制衡的指标，来科学、全面评价检察业务，切实防止评价指标单打一，出现非此即彼、顾此失彼的现象。所以在适用组合评价指标时，不能看单个指标上升下降来确定这项业务开展得如何，而要看这组指标的总体情况，如"撤回起诉率"和"无罪判决率"这组指标，如果"无罪判决率"降低了，但"撤回起诉率"上升了；或者"撤回起诉率"下降了，但"无罪判决率"上升了，这两种情况下，都不能简单凭借"无罪判决率"和"撤回起诉率"单一指标上升或下降，来判断审查起诉这项业务的开展情况。组合指标这种指标之间的正相关或反制衡关系，就能科学、全面评价检察业务，也能有效防止人为操控数据造成指标此消彼长的问题。

二是明确应当组合、可以组合和引入组合的区别，全面加强组合评价。（1）应当组合运用的指标，是明确规定必须组合评价运用的指标，如上述 13 组指标都是应当组合使用的指标，必须组合评价业务工作。（2）可以组合运用的指标，是虽未明确规定但通过相关指标的组合，可以更全面评价某项业务工作质效。这些指标也是评价指标，只是没有明确是组合指标。比如，诉前羁押率、不捕率、不捕复议/复核改变率，能从捕、不捕、羁押状况等方面组合评价逮捕质量和效果，或者从审查逮捕、审查起诉、法庭审理等诉讼环节取不同指标，综合评价检察办案质效。（3）可以引入组合运用的指标，是指各地可以根据检察业务质效管理实际，在案件质量主要评价指标之外设置反映检察权运行态势的指标，比如，可以将"刑事案件审结率"与刑事检察"案-件比"进行组合运用。对三种组合指标，都要应用好，才能全面分析、研判、把握和指导好检察业务工作。

（三）关于通报值指标的理解和适用

什么是通报值。通报值，就是对一些指标设定一个数值，指标数据达到这个数值之后，上级检察院在通报各地指标时，对达到该数值的地区，就不再通报该指标的具体数字，只标明这个地方该项指标达到通报值。这种做法从 2021 年 3 月开始探索。

为什么要设置通报值。研制案件质量评价指标本来旨在科学评价办案质量，鼓励先进、鞭策后进。但实践中却出现了不顾办案实际追求数据排名，盲目攀比，一味追求数字的无限高或者无限低，影响正常办案的情况。比如，刑事检察"案-件比"指标，2022 年数值为 1∶1.11，已经很低了，有的甚至接近 1∶1，但有的地方还在使用各种手段无限追低，造成有的案件该退不退、该延不延。为了改变这种现象，最高检党组提出，案件质量评价指标要围绕督导从"做起来"到"做好做优"转变，对一些已经达到一定数量、已经"做起来"的工作，从科学管理上不再做量的排序，而要更深更实做质的考核，让检察人员把更多精力放在提升质效上。所以开始研究探索对某些指标设置通报值。

如何设置通报值。通报值的设定，主要是根据全国数据的平均值、中位值、最高值、最低值等，综合考虑各业务实际，确定一个合适的数值。例如，2021 年 7 月，在《评价指标》第一次修订过程中，我们取 2020 年 1 月至 2021 年 6 月这一年半的时间进行测算，全国检察机关刑事"案-件比"最低值 1∶1.1，最高值 1∶1.57，中位值 1∶1.37，平均值 1∶1.33（有 22 个地区高于等于 1.33），最终确定刑事检察"案-件比"通报值为 1∶1.33。其他指标的通报值也大都是以平均值为依据而设定。当然，无论是设置通报值的指标项目，还是每一个通报值具体设多少，都是以过往经验为基础，并非一成不变，可以根据工作需要作动态调整。

通报值的修改。原通报值共有 13 项，本次修改后共有 14 项指标设置了通报值，删除 7 项，增设 8 项，保留 6 项，修改 3 项。其中核心指标通报值 1 项；刑事检察业务指标通报值 3 项，刑事执行检察业务指标通报值 1 项，民事检察业务指标通报值 5 项，行政检察业务指标通报值 2 项，公益诉讼检察业务指标通报值 1 项，未成年人检察业务指标通报值 1 项。具体包括：

（1）刑事检察"案－件比"1∶1.33；

（2）认罪认罚适用率 80%；

（3）确定刑量刑建议采纳占比率 85%；

（4）诉前羁押率 35%；

（5）减刑、假释、暂予监外执行书面监督意见采纳率 90%；

（6）民事裁判案件监督率 10%；

（7）民事抗诉改变率 75%；

（8）民事再审检察建议法院采纳率 70%；

（9）民事审判违法监督检察建议采纳率 80%；

（10）民事执行监督检察建议采纳率 80%；

（11）行政审判违法监督检察建议采纳率 80%；

（12）行政执行（含非诉执行）监督检察建议采纳率 80%；

（13）诉前整改率 85%；

（14）附条件不起诉率 30%。

怎样科学适用通报值。最高检明确规定，达到通报值的不再通报具体数值，也不得排名。但实践中，有些地方对达到通报值的指标，仍然通报排名，这个要进行调整。一是严格落实要求，对达到通报值的指标不得通报和排名，不能无限追求更高或者更低。通报值也不等于最低值，应该是一定幅度的中间值。比如通报值设定在70%，那么65%也不一定就是错误的，也是可以接受的。二是不得对通报值层层加码。如认罪认罚适用率，最高检通报值80%，有的省级院提高到85%，到基层院就提高到了90%，一线检察官苦不堪言。省、市、县三级检察机关不仅都要了解通报值的指标和数值，还要理解设置通报值的初衷，正确运用。各地对过去存在的不正确做法要及时予以纠正。

（四）关于正确认识评价指标评价与相关工作的关系

科学应用案件质量主要评价指标，要统筹推进指标运用、系统建设和考核应用，确保"指挥棒"指向准、运用好。在这个过程中，要重点认识和把握三组关系。

1. 正确认识评价指标与业绩考核的关系。除了案件质量评价指标之外，全国检察机关也开展了检察人员业绩考核工作。二者是完全不同的，但在目标、作用、导向以及内在要求等方面总体上是一致的，都是为了激励先进、鞭策落后，促进检察工作质效不断提升。如果结合使用得好，对于加强案件质量管理和检察队伍管理，必然会发挥积极作用。但同时，二者也存在一定的区别，比如，二者的评价对象不同。评价指标评价的对象是一个地区、一个检察院所办案件的质效，主要是工作业绩，属于宏观层面的管理；业绩考核评价的对象是检察人员个体的工作数量和质效，包括德、能、勤、绩、廉等全面情况，属于微观层面的管理。调研中发现，一些地方将二者相混用，如"案－件比"，用来评判一个地区、一个检察院在整体办案质效上的情况，是一个综合性、宏观性的评价指标，既然是综合宏观指标，里面就会既包含一些不应当发生的环节，也会有一些正当的办案环节被计算在内，像证据不足的退查、认罪认罚中的延长办案期限等。但一些地区对该指标层层分解，直接规定某个检察官的"案－件比"指标不能超过多少，导致有的案件该退不敢退、该延不敢延等，这就是混淆了宏观和微观评价的差异和尺度。各地在运用两套评价机制时，要注意综合运用，政工部门、业务部门、案管部门要在指标设计上加强沟通协作，有效发挥二者的不同功能，不能互相代替而要相互配合，实现对案的考评和对人的考核同向发力、相互结合。

2. 正确认识评价指标与"业务指导"的关系。评价指标和业务指导息息相关。但是，评价指标评价的是一级检察机关，是对检察院整体业务全面的评价，是对重点业务、重点环节的评价，是对主要矛盾和矛盾的主要方面的评价。业务条线的指导，跟评价指标有关系，但不能互相代替。这次修改评价指标，一些业务条线希望多增加本条线的指标，助推条线业务工作开展，这些都可以理解。但也要消除一个误解，即没有纳入评价指标，这项工作就没办法评价或者没办法对下指导和推动。这次的指标只有 46 项，有相当多的比较重要的业务都没有放进来，并不是说这些业务就不重要了。各条线指导推动相关业务工作，固然可以通过评价指标来实现，但不能解决所有的业务问题。因此，各条线除了通过主要评价指标抓重点、强实效外，更要通过"业务指导数据"指导工作。检察统计系统有海量的指标数据，包括这次删除的一些指标，都可以继续作为业务指导数据，在条线指导时使用。比如，案件管理部门的数据准确率指标就没有进入评价指标，但是数据准确率也很重要，我们是按季度进行通报的。再比如，原来的刑事执行检察四个指标合为一项，但监狱看守所监管活动监督、监外执行监督、财产刑执行监督、事故检察等不同类型的业务，仍然可以进行细化统计分析，以此对各类不同业务进行针对性指导。所以说，评价指标和业务指导是正相关的关系，但是两者也不能相互代替。

3. 正确认识评价指标与"业务数据分析研判"的关系。业务数据分析研判是院党组、检察长及时全面动态把握全国或者本地区办案态势的一种有效手段，能够发现倾向性、典型性、异常性问题。对业务工作的评价和分析是多方面、多维度的，最高检每季度的分析研判都是重点围绕评价指标进行的分析，但也不仅仅局限于评价指标，还包括其他司法办案统计数据。比如，最高检一季度的分析研判报告有 85 项，涉及全年的数据有 1200 多项。在实际工作中，要注意把握好二者之间的区别和联系。

一是侧重点不同。评价指标反映的是检察业务的主要方面和重要工作，体现"小而重"的特点；而统计数据包括检察业务的方方面面，具有"大而全"的特点。

二是作用不同。评价指标体现的是"指挥棒""风向标"作用，对办案质量具有评价意义；而统计数据对于全面把握司法办案态势、指导和部署工作开展具有重要的分析意义。

三是使用方式不同。评价指标通过对案件质量的评价，引领业务工作的发展方向；而统计数据通过业务分析研判，整体把握办案趋势，动态发现和纠正典型性、倾向性、苗头性问题等。

同时，二者对于科学决策都具有重要意义。实践中，要善于用好这两种不同的机制，吃透、用好各类评价指标和统计数据。在分析研判时，既要紧紧围绕评价指标进行分析，还要对与评价指标有密切联系的其他数据进行分析，这样的分析研判才更全面、更客观，才能及时、全面、动态地发现和纠正倾向性、苗头性问题，作出的部署决策和工作指导才更科学和更具针对性。

四、 关于纠正评价指标运行中的"反管理"问题

"反管理"问题是评价指标运行中存在的突出问题，这里着重谈一下如何改善和纠正这类现象。

（一）"反管理"现象的表现

有矛就有盾，有管理技术，就会有反管理技术。根据近几年我们开展数据质量核查和案件质量评查的情况，实践中的"反管理"主要有以下几种情况：

一是数据造假、案件造假。既包括对数据本身的造假，也包括造假案。比如，有的指标没有核验机制，即使没做相关工作，办案人也在案卡填录中打上钩，数据就有了，指标就可以上去；还有的个别诉讼监督案件纯粹是"无中生有"，硬生生造出不存在的案件，这类问题已经不仅仅停留在数据造假上，而是向前延伸到了数据的源头——即案件本身的造假。

二是办"凑数案""注水案"。有些办案人员对根本无监督必要的"小问题"或者在未真正开展实质监督工作的情况下，通过与有关部门沟通协商，制作相关法律文书，有的甚至形成固定的"操作套路"，"勾兑"生成不必要的监督数据，办凑数案。比如，监督立案案件，有的对公安机关即将立的案件发出要求公安机关说明不立案理由通知书，有的要求公安机关说明不立案理由的日期甚至在公安机关立案日期之后。再比如，2023 年一季度，我们在反查系统中发现，某县检察院办理公益诉讼案件，针对不足 3 公里的道路不同位置的垃圾堆放问题，向该县城市管理局提出了 5 份诉前检察建议。

三是"选择性司法"。评价指标考什么，就干什么，哪个指标容易提升，就优先选择先干什么。为了全院指标数据，想尽办法计算怎样才能提高指标数据排名。

四是"技术性规避"。通过错填、不填、补填、修改案卡等"技术手段"，钻空子追求好的数据或排名。这里面又有好多种表现，我就不一一列举了。

（二）"反管理"现象的危害与原因分析

评价指标弄虚作假，不但严重违反检察工作纪律，也对检察工作造成严重损害。一是严重削弱检察机关的法律监督权威。有的地方为了数据好看，商请其他机关单位或嫌疑人配合，严重影响检察机关工作作风和司法公信力，也背离了案件质量评价提升办案质量的本意，实际上降低了办案质量和效果。二是浪费司法资源。如未成年人社会调查工作，开展过度的社会调查，造成司法资源浪费。三是影响领导决策和政策制定。指标数据不真实、造假，无法真正体现案件质量。2023 年一季度，有些地方的数据准确率是82%，也就是说18%的数据是假数据，是不准确的数据。18%的数据是不准确的，造成的后果是什么？也就是说，20%以内的变化都可以忽略不计了，分析研判就没有价值了。所以说，"反管理"最重要的危害是影响决策的科学性，影响宏观政策的制定。

一些地方出现"反管理"现象，原因是多方面的。一是不正确的政绩观。唯指标论，不顾司法办案实际盲目追求数据排名，不断攀比，规避、敷衍现有管理方式，钻管理制度的漏洞。二是"简单化""机械化"运用指标。未视地区犯罪态势、案件类型特点、检察官结构数量等情形研究指标，从而未能构建并运用适合本地区特点的指标体系等。如部分省市区院未能充分考虑基层地域特色，未能及时将指标考核转化为符合基层特色的考核体系，生硬照搬一刀切的指标考核方式让基层院陷入不尽合理的案件质量指标"内卷"。三是个别评价指标设置不尽科学，给"求"指标、"造"指标提供空间。如有的指标仅考虑监督效率，未有监督数量要求，一些办案人员选择性、功利性地"做"指标，以确定的监督结果作为启动监督案件的条件。四是检察业务应用系统不完善、智能化程度有待提高。需要通过大量的人工审核识别虚假、错误案卡，给通过虚假填录案卡拉高指标数据提供"契机"。

（三）"反管理"的应对之策

各地要走出"实践误区"，运用辩证思维、系统思维，在指标完善及运用中切实树立科学管理理念。

一是要树立正确的政绩观。应勇检察长在北京调研时提出，不能让检察官被数据所困、被考核所累。核心意思还是要不能单看数据，要实事求是地改进工作。各级检察机关的领导，全体检察人员不要在数据上动心思，而要在工作上下功夫。不要搞无谓的数据横攀竖比、争先恐后。最高检对通报的频次和方式做了改进，不再作前十名后十名的通报，就是引导各地重在调整业务态势，减轻名次攀比压力，各地也要参照执行。不能把案件质量评价指标当成包治百病的灵丹妙药，认为它能解决一切。它只是"指挥棒"和"风向标"，不要让它解决我们指导中、工作中的全部问题。最高检的"经"是好的，但运行中不能念歪了。案件质量评价指标发挥的是"指挥棒""风向标"的作用，不能把方向指偏了，完全靠质量评价指标，这一把尺子量天下，量工作，那宏观指导、微观指导、分类指导、针对性指导等还有什么作用？这次只有46个指标，有通报值的14个指标都远低于全国的平均数，还有2个中性指标，把这16个指标可以抛出去，剩下的就只有30个指标。大家不要再有过多的压力、过大的"内卷"，不要被数据所困、被考核所累，要通过评价指标评出团结、评出斗志、评出干劲，评出我们高质效地办好每一个案件。

二是要加强检查。对于异常数据情况，位于全国前三和后三的地方，最高检将组织专门的检查，及时掌握、纠正评价指标实践运行中存在的问题。对于数据"有水分""做假账"的，要严肃追责问责。最高检一直高度重视"数据准确率"，也是案管条线全国考评的一项重要内容，每季度开展一次专项检查通报，通过机器检查加人工抽查，防范出现虚假案件、虚假数据等问题。我们也将和最高法加强对无罪、免刑、抗诉、再审检察建议等数据的核对，确保检察机关数据真实准确，确保同向发力。

三是持续优化案件质量评价指标。要根据实践运行情况，及时对指标进行梳理、分析，不符合实际、不体现质效导向的，最高检将持续进行优化调整。为了把这项工作做得更好，我们专门开设了一个邮箱，这个邮箱是一直开通的，就是要常态化收集各地的意见。全国各级检察院的全体检察人员，只要有意见都可以向我们提出来。我们不一定一版一版修改，只要有合适的、科学的，我们就向院党组、检委会提出来，一个两个也可以进行修改。比如，直接受理侦查案件的力度指标，合适的时候就可以提出来。这一点也希望全国各级检察院给予我们支持。

四是要进一步优化信息系统。我们将加强案卡设计和基础数据采集，不断优化完善，尽可能减轻承办人填录负担，实现一键生成基础数据，更好服务科学决策和对下指导。我们组织了一批专家正在对 2.0 系统的业务需求进行统筹，前一段时间已经做了相当多的工作，减少了 2000 个案卡的数据项。下一步，我们跟信息中心沟通，现在还有 7 个指标不能直接抓取。在修改这 7 个指标的同时，同步在案卡相关流程上进行修改。我们也提出了新的业务需求，最主要的就是回填，那么就可以为我们省下更多的人工、更多的人力。如果回填实现了，初步估计可以节约 1/4 的精力，也就是 25% 的案卡项可以不用填了。2023 年 6 月左右，我们会出版新版的案卡填录标准，各地检察机关要按照新的填录标准，准确正确填录，少一些案件数据的不真实、不准确、不全面。

案件质量评价指标体系一头连着检察管理、检察业务，一头连着人民群众对公平正义的感受。完善好评价指标体系是一项重要的实践课题，需要集全系统之力，不断实践探索总结。下一步，最高检将坚持以习近平新时代中国特色社会主义思想为指导，深入学习贯彻习近平法治思想，贯彻落实党的二十大精神，深入研究和优化评价指标，进一步完善科学评价检察工作的制度机制，为新时代检察机关优化检察业务管理、促进提高检察监督体系和监督能力现代化提供制度支持。

理论前沿

LILUN QIANYAN

刑事涉案财物集中管理改革机制研究

海南省海口市人民检察院课题组 *

近年来，人身权利的保护已伴随着人权保障观念的普及而被视为刑事诉讼活动中的重点对象。然而，刑事涉案财物管理观念和制度的滞后，使得二者之间的矛盾愈发凸显，司法实践中频发的涉案财物贬值、毁损甚至是丢失、侵吞等窘相，也在加剧这一冲突，不仅有损司法公正，甚至严重危害到诉讼程序的顺利推进。[1] 如何建立一整套完备且可操作性强的涉案财物管理制度，目前理论界与实务界尚处于试点探索阶段，虽有一定的成效，但由于缺乏全面而缜密的制度设计，仍存在诸多亟待解决的问题。本文拟从我国刑事涉

---

　* 课题组负责人：李成，海南省海口市人民检察院党组副书记、副检察长。课题组成员：路美玲，海南省海口市人民检察院案件管理部主任；吴美艳，海南省海口市人民检察院案件管理部检察官助理；唐莉君，海南省海口市人民检察院案件管理部检察官助理。

　① 参见葛琳：《刑事涉案财物管理制度改革》，载《国家检察官学院学报》2016 年第 6 期。

案财物管理改革的必要性出发，总结试点探索中暴露出的系列问题，并在改革目标设定之指引下，设计刑事涉案财物管理的新模式，以期对刑事涉案财物的良序管理有所裨益。

一、 刑事涉案财物管理制度改革的必要性

按照我国目前"耦合式"的诉讼模式，公检法三家以及国安部门在办理刑事案件中均有权力对涉案财物进行处置。正因如此，司法实践中各部门根据诉讼进程自行制定有关涉案财物处置的规范性文件，并安排专门的保管人员和指定的保管场所对涉案财物进行保管的做法较为常见。这种模式在一定程度上实现了办案人员与涉案财物保管人员的分离，也对不同性质的财物进行了不同方式的保管，总体上符合"处理与保管相分离"的原则，但是"各自为政"的多头保管模式在司法实践中弊端凸显，不利于司法活动的良序开展，具体表现在以下几个方面。

1. 处置机制不畅导致涉案财物积压严重。尽管刑事诉讼法第245条对涉案财物的移送制度作出了详细的规定，但由于保管场地以及衔接机制的不顺畅等因素，涉案财物不仅没有根据诉讼进程进行相应的转移，反而在办案部门进行堆积。首先是公安机关，其次是检察院。正是由于涉案财物保管过程中存在责任与风险，导致司法活动中各部门想要将涉案财物移送到其他部门保管，却不愿意接收来自其他部门的涉案财物移送。[1] 例如，检察机关在极不情愿的前提下接收来自公安机关的大量涉案财物的移送，一旦找到机会，就将明显不能作为证据使用的涉案财物转交法院保管。[2] 关于物品

---

[1] 参见李玉华：《论独立统一涉案财物管理中心的建立》，载《法制与社会发展》2016年第3期。

[2] 参见杨宏亮、沈东林：《刑事诉讼中涉案财物的移送及监管问题研究》，载《人民检察》2013年第20期。

移送过程中存在的问题，有检察机关反映，某些公安机关在移送审查起诉过程中，会掺杂一些不应当移送的物品，在检察院向法院提起公诉的过程中，法院对这类物品往往不会接收实物移送，仅需要照片即可，导致公安机关移送的诸多物品滞留在检察机关，造成"肠梗阻"。① 除此之外，有些当作证据使用的物品在法庭上完成质证使命后，并未得到法院的妥善保管，而是返还给原办案机关，涉案财物的处置不畅导致积压现象愈演愈烈。

2. 缺乏外部监督滋生权力滥用。如前所述，尽管各部门根据自身工作属性制定了有关涉案财物保管的工作文件，但这种文件具有一定的"垄断性"，其出发点更多是规范模式下的"自我便利"。正是因为缺少涉案财物利害关系人和其他外部监督的制约，导致办案部门从"便利自我"的角度出发随意处置涉案财物，使得涉案财物贬值、毁损甚至是丢失、侵吞等现象频发。例如，黑龙江省纪委原常委宋某因"违规处置涉案款物"等违法违纪行为，被开除党籍和公职。② 各机关自行查扣、自行保管导致监督缺位，从而引发权力滥用，这不仅损害了涉案财物当事人的合法权益，也严重亵渎了司法的公信力。

3. 缺乏保管专业性导致涉案财物贬值折损。涉案财物的保管部门，负有针对不同性质的涉案财物进行分门别类妥善保管的基本义务，这不仅是对涉案财物当事人权利保障的需要，也是现代诉讼活动专业化、精细化的表现。③ 当前，尽管公检法各部门都有自己的

---

① 参见王晋、许山松、石献智：《〈人民检察院刑事诉讼涉案财物管理规定〉解读》，载《人民检察》2015年第8期。

② 《典型案例：纪检监察干部违规处置涉案财物被查》，载搜狐网，https：//www.sohu.com/a/295985345_ 355620，最后访问日期：2021年8月19日。

③ 参见付福临：《刑事案件涉案财物电子移送平台机制的建设——以集美法院的审判实践为样本》，载《东南司法评论》2019年卷。

涉案财物保管场所，也配备了专门的保管人员对涉案财物进行保管，但由于专业知识的缺乏以及保管场地的限制，对不同类型的涉案财物无法进行分门别类、具有针对性的科学保管，更不用讨论涉案财物的孳息或增值问题。虽然一些条件较好的保管单位采用了"信息化""可视化""二维码"等物联网技术对涉案财物进行智能化管理，但是多数单位针对涉案财物的管理仍未实现"无纸化操作"。换言之，涉案财物的出库、入库、清点等操作均通过手写登记、人工查找、人工搬运等方式实现。某些贵重物品由于保管环境、保管方式或出库、入库等移动过程中的操作不当而容易发生毁损。例如，海关在办理离岛免税"套代购"走私时，对行为人所"套代购"的物品，集中用箱子打包放置于储物室，其中包括洋酒、手机、化妆品等物品。各种不同种类的物品放置在一个箱子内，且需要根据办案阶段进行多次的出仓、入仓操作，极易产生"交叉感染"等现象，导致涉案财物的毁损，失去利用价值。①

二、 涉案财物集中管理中心之困境与超越

涉案财物集中管理中心的最大特点在于涉案财物的"跨部门"管理，以一种"大集中、小分散"的模式初步确立了刑事涉案财物改革的整体思路。跨部门涉案财物集中管理中心的运转，基本实现了涉案财物统一、有序的管理，通过削减不必要的流转手续，不仅可以避免司法资源的浪费，也在一定程度上提高了司法工作效率，在实践中反馈效果良好。这种集中管理模式以统一的制度化管理，实现了办案人员与保管人员、办案部门与保管部门的分离，很好地避免了"自行查扣、自行保管"过程中可能出现的廉洁风险，对于

① 参见王翔：《罚没及涉案财物管理现实困境与变革路径选择》，载《商业经济》2016年第7期。

保护司法工作人员、预防涉案财物管理过程中的腐败现象的发生具有自不待言的重要作用。①

然而，尽管实践中跨部门的涉案财物集中管理中心的探索脚步从未停止，但是在理论上，集中管理中心的法律地位尚处于模糊状态，对该中心的进一步探索造成了不小的困扰。实践中，虽然该中心名义上由公检法三家共管，但实际上统一管理中心的日常运作及维护基本上是由公安机关负责，演变成了"信息共享、公安代管"的模式，即涉案财物信息通过集中管理中心实现了很好的流转，但是除现金之外的涉案财物基本上由公安部门负责看管。这种"异化"的管理模式存在诸多问题。

第一，违背了中立原则。如前所述，统一管理的最大优势之一在于管理机构的中立性，而要保证统一管理中心的中立性，最重要的一点是在强调互相配合之余不忘互相牵制、互相监督。在"公安代管"的模式下，检察机关和法院的参与程度尚且不足，只起到了辅助管理的作用，弱化了三家互相监督的作用，也就违背了涉案财物集中管理中心设立的初衷。

第二，违背了权责统一原则。"权责统一"原则是行政领域的一项重要原则，该项原则在司法领域同样适用。如"让审理者裁判，让裁判者负责"就是这一原则的体现。具体到涉案财物集中管理中心，涉案财物的处置权力会随着司法活动进程的变化而发生转移，但是在"公安代管"的模式下，财物管理的义务始终落在公安机关身上。原则上由三家共管的刑事涉案财物集中管理中心最终变为公安机关一家代管，这种代管压力会随着涉案财物的累积而不断增加，不利于集中管理中心的正常运转，最终导致与传统的各自管

① 参见万毅、谢天：《刑事诉讼涉案财物管理机制研究——以我国 C 市 W 区的改革实践为分析样本》，载《人民检察》2016 年第 17 期。

理模式并无二致。

针对"信息共享、公安代管"模式所暴露出来的系列问题，本文认为，可以从以下两个方面着手加以完善。

1. 建立"信息共享、三家共管"的管理模式。在借鉴某区管理经验的基础上，参考看守所制度，确保涉案财物集中管理中心的独立性。① 此外，为了避免集中管理中心名义上为三家共管，实际上由公安机关代为管理这一问题，建议在后续的探索中应当建立由公检法三家机关分别委派工作人员驻扎涉案财物集中管理中心的模式，以实现各单位的权责统一。关于该集中管理中心的设立，可以考虑由政府招标、投资、新建统一的涉案财物储存管理场所，也可以在公安机关原有的涉案财物管理场所之上进行扩建和改造。

关于该集中管理中心的地位，有学者认为可以将其定位为"区级议事协调机构"，不单独核定编制，亦不划拨经费，日常管理由三部门派专员承担。② 本文认为这种定位存在一定偏差。一方面，大部分议事协调机构虽说如前述学者所言，不单独核定编制，亦不划拨经费，但是议事协调机构也没有固定的办公场所。③ 而反观涉案财物集中管理中心，既然考虑三部门各派专员负责集中管理中心日常的运营和管理，也就意味着该中心需要有专门的办公区域，这一区域可以设立在财物管理中心之内，也可单独设立办公区域。总而言之，固定的办公场所是不可或缺的存在。另一方面，议事协调

① 参见程建：《刑事诉讼涉案财物集中管理的实证调研和制度构想》，载《上海政法学院学报（法治论丛）》2013年第2期。

② 参见万毅、谢天：《刑事诉讼涉案财物管理机制研究——以我国C市W区的改革实践为分析样本》，载《人民检察》2016年第17期。

③ 参见周望：《议事协调机构的过去、现在与未来》，载《中共天津市委党校学报》2013年第6期。

机构因为没有常规性的工作职责，而大部分时间处于"休眠状态"。① 而反观"三家共管"的涉案财物集中管理中心，其工作任务与工作职责十分明确，且三家相互之间形成一种牵制，工作内容相较于议事协调机构而言更为正式。本文认为，将"三家共管"的涉案财物集中管理中心定位为具有"协调性工作机制"的"协调小组"更具有合理性，其不仅体现了为加强三部门之间的沟通而临时搭建的平台这一属性，且三部门的工作方式、工作职责上也体现出"协调小组"的"平行逻辑"思维。这种安排具有两方面的意义。一方面，从刑事涉案财物改革的目标设定来看，"三家共管"的涉案财物集中管理中心坚持信息化、集约化的管理，通过电子数据的形式减少不必要的清点出库和移送，减少了涉案财物转移过程中的风险，对便利司法调用以及提高司法效率等方面均具有一定的贡献。同时，通过对涉案财物的科学管理，在很大程度上确保了司法的公信力。另一方面，从权责一致的角度来看，公检法三家通过委派专员到集中管理中心负责日常的运营和管理，并负责各自诉讼阶段对涉案财物的管理及处置，可以有效地避免对涉案财物的管理处于权力义务的"真空"状态，确保涉案财物在每个管理阶段都有明确的责任主体，以此倒逼规范管理。

2. 建立"共建共用为主体、委托管理为补充"的管理模式。考虑到涉案财物的妥善管理是一项专业性较强的工作，从科学管理的角度出发，公检法三家分别派员管理这一思路也会存在一定的不足。因此，从解决问题的角度出发，在"信息共享、三家共管"的基础上探索建立"共建共用为主体、委托管理为补充"的刑事涉案财物管理制度，也许更能符合涉案财物管理精细化、专业化的

---

① 参见周望：《中国"小组"政治组织模式分析》，载《南京社会科学》2010 年第 2 期。

要求。

所谓"共建共用"，可以理解为前文所论述的"三家共管"涉案财物集中管理中心，其日常管理由公检法三家机关分别派员管理；而"委托管理"，即通过引入社会力量，以财政部门划拨的保管经费为依托，根据各部门的实际情况，通过托管等多元化管理模式实现对涉案财物最为科学和有效的管理。社会职能分工已随着人类经济生活的发展而愈发明显，不同职业分工对不同的财物类型所进行的管理模式迥然不同。例如，针对股票、基金的管理有职业的经纪人，车行工作人员对车辆的处理方式烂熟于心，有资质的博物馆对名贵字画、珍贵文物的保管经验丰富……针对不同类型的涉案财物，只需要针对财物的性质设计具有针对性的保管方案，就可以很好地解决目前实践中由于保管不善而导致的涉案财物毁损、贬值甚至是灭失的问题。例如，英国的《2002年犯罪收益追缴法》规定，托管人需要在保障被托管财物安全的前提下，按照追缴令上所规定的方式管理被托管人的财产，针对非现金的财物，有权对其进行拍卖，并将拍卖价款交给法院作为被追缴财产。①

委托管理的优势自不待言，不仅能够实现财物的科学保管，甚至可能实现财物的增值。当然，任何事物都有两面性，委托管理在理论与实践中也存在一些问题。第一，不是所有财物都适用委托管理，因为有些涉案财物属于诉讼过程中必不可少的重要证据，而被委托机构一般为社会上的商业机构，容易被第三方侵蚀。第二，被委托机构的专业性需要经过一定的严格审查，在没有规范的资格审查能力的地区，被委托单位在财物的管理上同样可能存在管理不当，以致财物毁损、灭失的情况发生。第三，涉案财物管理最基本

---

① 参见《英国2002年犯罪收益追缴法》，张磊等译，中国政法大学出版社2010年版，第26页。

的原则是尽量减少涉案财物的的贬值。考虑到委托管理机构的专业性，在涉案财物（如股票、基金等）的管理过程中，如果涉案财物增值，其增值的归属应当交由办案机关还是当事人？抑或充当涉案财物的管理费用？需要进行设计论证。第四，涉案财物的委托管理实际上是办案机关与被委托管理机关所订立的一种保管民事法律关系。尽管被委托保管机关具有保管方面的专业性，但是仍然无法完全避免涉案财物出现毁损、灭失等现象。因此，需要订立完整的委托保管合同，以避免涉案财物出现上述问题，涉案财物权利人的权利也能够得到充分的救济。

综合"共建共用"和"委托管理"各自的优势和弊端，本文认为，建立"共建共用为主体、委托管理为补充"的涉案财物管理模式更符合我国的实践需要。一方面，如果单从涉案财物保管的保密性来看，公检法的保管必然要比委托管理更为可靠，但考虑到涉案财物的性质各异、种类繁多，单纯的"共建共用"俨然不能满足司法实践的需要。通过建立"共建共用为主体、委托管理为补充"这一涉案财物管理模式，可以让公检法三家机关根据涉案财物保管的实际需要，将其认为"难以胜任"的涉案财物审慎地交给社会托管机构进行更为专业性的保管。而针对前文所论及的涉案财物作为证据前提下的"容易被第三方侵蚀"这一问题，"共建共用为主体、委托管理为补充"这一管理模式的优势更为凸显，因为引进社会专业托管并非意味着公检法三家就可以充当"撒手掌柜"，可以将所有涉案财物全都交由社会托管机构托管。针对一些涉密性较强的涉案财物，特别是涉密性较强且保管难度与风险较小的涉案财物，完全可以通过集中涉案财物管理中心对此加以保管。总而言之，需要以一种发展的、动态的眼光，并根据涉案财物的性质与办案的实际需要，实现"共建共用为主体、委托管理为补充"的涉案财物管理模式。另一方面，通过将涉案财物管理这一"辅助性"工作交由社会管理机构，可以很好地实现财物管理与办案工作的分离，在一定程度上可以提升司法的廉洁性，确保司法公信力。

三、 涉案财物集中管理信息平台之困境与超越

搭建涉案财物集中管理信息平台对涉案财物集中管理中心的顺利运行具有重要意义。① 一方面，作为集中管理中心配套设施的集中管理信息平台的投入使用，能够统一三家机关的涉案财物查询、管理平台，避免三家机关各自开发平台带来的成本重复投入以及各自平台衔接不畅、不能通用的问题。另一方面，通过对涉案财物的统一录入、统一在线监控，可以确保操作流程的规范化、集约化。不仅方便三家机关实现管理数据的实时共享，也能够提高监管过程的专业化水平，减少因人工管理、分别管理带来的工作失误，提升整个涉案财物集中管理中心的运行效率。

但是，涉案财物集中管理信息平台的最初定位为专供公检法三家机关办案使用的系统，却忽视了对涉案财物权利人的权利救济。换言之，涉案财物集中管理信息平台没有给涉案财物权利人提供查询涉案财物处理进度的机制。针对司法实践中涉案财物权利人权利的缺失这一问题，现有的制度虽然规定了一定的权利救济手段，如2010 年《人民检察院扣押、冻结涉案款物工作规定》第 9 条规定，涉案财物权利人（包括当事人、利害关系人等）认为检察院对涉案财物的处置侵犯了个人合法权益的，可以向该检察院投诉，也可以向上一级检察院投诉。显然，这一权利救济机制仅停留在"自查"层面，而非由无利害关系的第三方进行审查。从人性的角度来看，很少有人会否认自身行为的正确性，特别是在这种自我否认可能会

---

① 参见张嘉琛、张毅：《"互联网＋"背景下法院案款管理探究》，载《国际商务财会》2015 年第 11 期。

面临追责、处罚的前提下。因此这种权利救济机制的纠错能力难免会受到质疑。① 对此，本文认为，刑事涉案财物的处置具有打击犯罪与保障人权的双重属性，不能只强调对犯罪行为的打击，而忽视了对涉案财物权利人人权的保障。特别是基于物权保护的需要，在制定涉案财物保管、处置的相关规则时，一方面要考虑如何便利三家机关对涉案财物的管理和处置；另一方面也应当对这种管理和处置权进行适当限制，通过给权利主体提供救济渠道的方式来保障其合法权利不受国家公权力的肆意侵害。

对于目前刑事涉案财物集中管理制度改革过程中出现的"重便利司法、轻人权保障"这一问题，本文认为，可以从以下几方面加以完善。

1. 确认犯罪嫌疑人、被告人的告知权以及听证权。在对犯罪嫌疑人、被告人的财物进行强制处置时，必须要尽到提前的告知义务，这是现代刑事诉讼中正当程序原则的基本要求，也是司法民主与司法正义的最低限度要求。② 例如，美国针对确有紧急情况，需要对当事人的不动产进行扣押的，必须在扣押之后通过听证会的形式，听取当事人的陈述与申辩，否则该扣押行为会被认为是违反正当程序原则的非法行为。③ 考虑到刑事诉讼活动中对涉案财物采取强制措施的紧迫性，通过事后审查的方式未尝不可。值得注意的是，在涉案财物完全处于国家机关的控制之中后，应当及时告知犯罪嫌疑人、被告人对涉案财物享有的救济权利。具言之，应当通过

---

① 参见温小洁：《我国刑事涉案财物处理之完善——以公民财产权保障为视角》，载《法律适用》2017 年第 13 期。

② 参见龙建明：《刑事被追诉人财产权救济制度研究》，载《成都理工大学学报（社会科学版）》2011 年第 2 期。

③ 参见吴光升：《未定罪案件涉案财物没收程序之若干比较——以美国联邦民事没收程序为比较视角》，载《中国政法大学学报》2013 年第 2 期。

建章立制的方式，告知涉案财物权利人其涉案财物被采取强制措施的理由、采取强制措施的单位以及如何对该强制行为提出异议等。并可以参照行政法中的听证制度，设计刑事涉案财物扣押的听证程序，以此来倾听涉案财物权利人的陈述与申辩。这一举措不仅有利于明确涉案财物处置在程序上的正当性，而且可以很好地防止司法实践中对涉案财物的违法处置现象的发生。

2. 增加涉案财物权利人对涉案财物查询的窗口。如果说"确认犯罪嫌疑人、被告人的告知权以及听证权"这一举措适合涉案财物处置的初期，那么随着诉讼程序的进行，为了避免涉案财物的处置完全脱离涉案财物权利人的控制，比较行之有效的方法即为增加涉案财物权利人对涉案财物查询的窗口，具体有两种思路：其一，区别于涉案财物集中管理信息平台，单独开发一套查询系统。此举的优势在于涉案财物管理与涉案财物查询两个关键问题的分离。前者便利于国家机关，后者便利于涉案财物权利人，两套系统互不干涉，可以保证涉案财物的查询具有准确性和公正性。其二，在涉案财物集中管理信息平台的基础上增加涉案财物查询的功能，结合涉案财物"一物一码"的制度，为涉案财物权利人提供包括但不限于涉案财物的储存地点、管理主体等系列信息，满足涉案财物权利人最低限度的知情权要求。本文赞同第二种查询思路。将管理平台与查询平台相结合，一方面可以节约司法成本，避免开发新的查询系统所带来的重复建设的额外开支；另一方面可以做到"谁管理、谁录入"，即涉案财物在入库时应录入相关信息，并将这些信息储存于涉案财物二维码背后，涉案财物权利人可以通过扫描二维码或者输入涉案财物编号等方式查询到涉案财物的状况，这也是落实"权责统一"原则的另一项重要举措。

3. 完善与涉案财物查询制度相配套的权利救济措施。对涉案财物当事人的权利保障不能仅仅停留在查询层面，完善与涉案财物查询制度相配套的权利救济措施也极为重要。具言之，当涉案财物权利人发现涉案财物在管理过程中，办案机关工作人员存在懈怠、滥用问题，或者是社会托管机构对涉案财物的管理与涉案财物权利人的管理期待存在严重偏差的情况下，权利人有权向办案机关提出申诉。具体分为两种情况：第一，当权利人发现社会托管机构在涉案财物管理过程中存在问题的，基于合同的相对性，可以要求相应的办案机关对社会托管机构的管理提出异议，由办案机关与涉案财物委托机关交涉，并将交涉结果及时反馈给权利人。第二，当权利人发现办案机关自身的管理存在问题时，可以向同级办案机关反映情况，对处理意见不服的，也可以向上一级办案机关申诉。除此之外，为避免自身纠错的局限性，如果经两道程序仍不满意的，可以向主管部门政法委申诉、控告。

检察机关案件流程监控相关问题研究

冯丽君　周　祯[*]

目　次

---

　* 冯丽君，湖南省人民检察院案件管理办公室主任；周祯，湖南省人民检察院案件管理办公室三级高级检察官。

2003 年 6 月，最高检下发《关于加强案件管理的规定》，明确了案件管理工作的几项具体内容，包括推行办案流程管理、加强信息网络建设、完善办案工作考核等。在此基础上，进一步形成了由专门的案件管理机构对全院所受理案件进行集中统一管理的集约化检察案件管理模式。全国上下先后设立了案件管理机构，由案件管理部门负责对案件进行流程管理、质量监控和统计分析。此后，案件管理部门根据《人民检察院刑事诉讼规则（试行）》《人民检察院民事诉讼监督规则（试行）》《检察机关执法工作基本规范（2013 年版）》等规定，对检察机关办理的案件进行流程监控。2014 年检察机关统一业务应用系统（后更名为检察业务应用系统）上线，并配置了流程监控监管模块，实现对案件办理过程全程、实时、动态监督。2016 年最高检发布的《人民检察院案件流程监控工作规定（试行）》（以下简称《监控规定》）中对流程监控的定义、主管部门、监控范围、监控措施以及文书等都作了明确规定，为检察机关案件流程监控工作指明了方向。2020 年 9 月最高检印发《人民检察院刑事案件办理流程监控要点》（以下简称《监控要点》），加强对刑事案件办理的监督管理，进一步深化流程监控工作。

检察机关案件管理部门作为专司内部监管职责的综合业务部门，要充分发挥检察业务管理中枢作用，立足案件管理职能，认真贯彻落实《中共中央关于加强新时代检察机关法律监督工作的意见》，要建立全流程的业务监管体系，要以严格科学的内部监管倒逼业务部门精准监督履职，以助力破解长期存在的外部法律监督难、松、软问题。案件流程监控是内部监管的最基本也是最重要的手段之一，但囿于流程监控在检察机关起步较晚，相关经验和规范立法工作相对滞后，实务中流程监控工作的困惑也比较多，严重窒碍其发展，亟待解决。

一、 面临的主要困惑

当前实务中的流程监控有诸多与规定相冲突的模糊地带。

（一）流程监控的业务范围是否涉及公益诉讼

《监控规定》第2条规定，案件流程监控是指对人民检察院正在受理或者办理的案件（包括对控告、举报、申诉、国家赔偿申请材料的处理活动），依照法律规定和相关司法解释、规范性文件等，对办理程序是否合法、规范、及时、完备，进行实时、动态的监督、提示、防控。

根据上述规定，流程监控范围涵摄"四大检察""十大业务"。修订后的《人民检察院刑事诉讼规则》《人民检察院民事诉讼监督规则》《人民检察院行政诉讼监督规则》均有专章规定"案件管理"，有专门条文规定监督管理事项。比如，负责案件管理的部门对检察机关办理案件的受理、期限、程序、质量等进行管理、监督、预警；对以本院名义制发的法律文书进行监督等内容。但是《人民检察院公益诉讼办案规则》中没有上述相近规定，且其第7条还明确规定负责公益诉讼检察的部门负责人对本部门的办案活动进行监督管理。由此给案件管理部门带来困惑，对于公益诉讼案件该不该监督管理？能不能对正在办理的公益诉讼启动流程监控？

（二）流程监控内容是否包含实体问题

《监控规定》第5条至第16条列举了案件管理部门在案件受理环节、强制措施、文书制作使用、办案期限、诉讼权利保障、送案审核、司法办案风险评估、系统使用管理、案件信息公开以及涉案财物查封、扣押、冻结、保管、处理等方面应当监控的情形，涉及的都是程序问题，且大部分是刑事案件的程序问题。《监控要点》

明确规定，刑事案件流程监控不涉及实体问题。因而实务中普遍认为流程监控不包括案件实体问题。

修订后的三大诉讼规则均取消对案件管理部门的具体职责描述，即"案件实行统一受理、流程监控、案后评查、统计分析、信息查询、综合考评等"，但《人民检察院刑事诉讼规则》《人民检察院民事诉讼监督规则》《人民检察院行政诉讼监督规则》均规定，负责案件管理的部门对检察机关办理案件的受理、期限、程序、质量等进行管理、监督、预警。意即案件管理部门对受理、期限、程序、质量进行监管，并未排斥流程监控对实体问题的监管。且《人民检察院刑事诉讼规则》第 665 条第 1 款第 5 项规定"未依法对立案、侦查、审查逮捕、公诉、审判等诉讼活动以及执行活动中的违法行为履行法律监督职责的"和《人民检察院行政诉讼监督规则》第 118 条第 1 款第 4 项规定"未依法对行政诉讼活动中的违法行为履行法律监督职责的"等也都未排斥对实体问题的监管。因为对检察官是否履行法律监督职责的判断显然不仅仅是程序问题。比如，对刑事诉讼、行政诉讼的错误判决应当抗诉而没有抗诉时，必然需要实体审查才能得出结论。再如侦查机关立案是程序问题，但立案监督却不仅仅是对程序问题进行审查，需要根据事实证据对照立案标准"有犯罪事实发生""需要追究刑事责任"进行实质审查判断，同样案管部门督管检察官是否履行立案侦查职责时也要进行同类实质审查判断。

综上所述，因刑事检察中流程监控内容在规范性文件、司法解释之间存在冲突规定，导致实践中无从把握刑事、民事、行政三大检察的流程监控是否包含实体内容。

（三）流程监控的案件范围是否仅限于本院办理

《监控规定》没有明确流程监控只仅限于本院，但修订后的三大诉讼规则都明确规定流程监控仅限于本院办案活动和本院名义制发的法律文书。2021 年 2 月印发的《全国检察业务应用系统使用管理办法》第 24 条第 3 款明确规定"上级人民检察院的业务部门和案件管理部门，应当对下级人民检察院网上业务办理活动，通过抽查、巡查等方式进行监督、检查"，即上级院对下级院的网上业务办理活动应当通过抽查、巡查的方式进行流程监控。而目前各级检察机关的"四大检察""十大业务"非绝密级案件均在检察业务系统中流转办理，即便是绝密案件也要求系统登记。由此带来困惑：上级院该不该对下级院办案活动启动流程监控？

二、 案件流程监控相关问题实证分析

（一） 流程监控覆盖公益诉讼的可行性

通过案件管理部门流程监控能发现公益诉讼办案中执法不规范问题，可以弥补业务条线监管手段的不足，对进一步规范公益诉讼办案质量大有裨益。同时，《人民检察院公益诉讼办案规则》仅规定负责公益诉讼检察的部门负责人对本部门的办案活动进行监督管理，存在制度设计缺陷。

（二） 流程监控对实体处理问题监管的必要性

《监控要点》针对各类程序性问题如何监控进行了详细的列举，但其中不少监控要点在实务操作中无法绕开实体问题处理。比如，案管办在监控捕诉部门检察官对判决裁定的审查情况时发现承办检察官未对判决中的错误提出监督意见，肯定不能放任不管。湖南省院案管办在对全省判处有期徒刑六个月，宣告缓刑判决时，发现有数十份判决宣告缓刑考验期不满一年，及时向捕诉部门和各地发出监管意见。各地通过抗诉或者再审检察建议形式迅速纠正一批错误

判决。此事充分说明流程监控对实体问题进行监管的必要性和可行性。

（三）对下级院办案活动启动流程监控的现实必要性

上级院案件管理部门依托数据优势和案件信息集成优势，针对某类异常数据或某类重点案件进行专项监控，并对发现的普遍性问题专项分析，制作类案或专项分析报告，为领导决策提供很好的参考。如扫黑除恶案件专项监控，追捕案件专项监控，自行补充侦查案件专项监控，不起诉复议、复核案件专项监控，退回补充侦查提纲专项监控，检察建议专项监控等。

湖南省院案管办成功探索出"三异常法"的日常监管模式，即从数据核查中发现异常数据、从异常数据中查找异常流程、从异常流程中查找异常案件，再针对某类异常数据或某类重点案件开展"全方位"流程监控，并对发现的普遍性问题进行专项分析，制作类案或专项分析报告，取得了较好实效。通过监控发现主要存在以下"四多"问题：一是部分地区数据水分多；二是部分地区自行补充侦查闲置多；三是自行补充侦查中瑕疵多；四是相关案件质量问题多。发现存在的主要问题有：一是部分案件实体处理不正确；二是纠错程序有误；三是文书说理不充分或者没有说理；四是未依法采取（变更）强制措施；五是未依法更换承办人办理复议复核案件；六是法律文书未公开或公开不及时。

三、 完善案件流程监控的相关建议

促进检察权内部规范运行，落实司法负责制，必须要加强流程监控工作。建议从以下方面完善相关制度机制建设。

（一）明确流程监控的范围为"四大检察""十大业务"

各级案件管理部门由于缺乏有办理民事、行政、公益诉讼检察案件经验的业务能手从事流程监控岗位工作，目前流程监控对象普遍以刑事检察为主，且因为《监控要点》对刑事检察案件如何监控有明确规定，实务操作性很强，也进一步加大流程监控中"刑强民弱"的分化格局，对民事检察、行政检察、公益诉讼未能有效开展流程监控。案件管理部门对民事检察、行政检察案件进行流程监控是法定职责，对公益诉讼案件监控亦有现实必要性和可行性，因此应当明确流程监控对"四大检察""十大业务"的全覆盖，充分发挥流程监控的事中监督、可及时纠偏纠错作用。比如，对民事检察、行政检察的中止审查可以随时监控中止审查是否合法、是否有以中止审查为由拖延办案的情况，督促业务部门依法及时审结案件，严控滥用中止审查。建议最高检尽快出台民事检察、行政检察、公益诉讼检察案件的流程监控标准或者指引，进一步规范和完善流程监控工作。

（二）明确流程监控内容不排除实体质量

从流程监控的现状来看，范围窄、层次浅是突出问题，除少部分单位开展了案件实体监控、专项监控外，大部分单位，特别是基层院监控的问题大多集中在法律文书不规范、案卡错漏填、未及时进行法律文书公开、系统操作不当等细枝末节问题，难以实现深层次的突破。《监控要点》虽明确只监管程序问题，实际上其很多规定都无法绕开实体问题的判断与处理。如第 95 条规定，发现遗漏应当逮捕的犯罪嫌疑人的，应当重点监督、审查是否制作应当逮捕犯罪嫌疑人建议书报检察长批准。从字面意义理解，监控要点是制作文书以及审批程序，实质是要以发现应当逮捕的犯罪嫌疑人为前提，没有这一前提就无需后续的法律文书，而这一前提的存在必须进行实体审查判断。因此，应当明确流程监控包含实体监管内容。

（三）明确上级检察院案管部门可以对下级院所办业务进行流程监控

为有效破解当前案件管理中最大的困难——同级监管难，必须明确上级检察院案管部门可以对下级院所办业务进行流程监控。在检察业务应用系统的流程监控子系统中已设置上级院可以向下级院制发流程监控通知书，说明其在实务中是客观存在的。上级院定期针对某类案件、某类问题进行专项流程监控，可以及时将一线办案中的问题用于指导实务办案，一方面可以让存在问题的地区或者单位及时纠错，避免更大的执法错误或者错误延续；另一方面，也可以为没有或者尚未发生该类问题的地区或者单位提供防范预案，因为最好的监管在于提前预防。此外，更利于上级院有针对性地对下级院进行点对点的业务指导，因为检察机关上下级之间是领导与被领导关系，上级院案管部门对下级院案管部门有业务指导职责。

（四）建立流程监控的常态化机制

案件管理部门与其他业务部门在案件管理工作中分工负责、相互配合，监督是案件管理部门的职能之一。除此之外，案件管理部门还承担着管理、服务和参谋的职能。因此，要使案件管理部门充分行使职能，在案件管理部门和相关业务部门间建立长期有效的良性沟通机制是必然方式。

1. 横向协同机制。各业务部门与案件管理部门之间统一思想，提高认识，建立协同机制，将提高案件质量和业务考评水平作为共同目标，相互协作，共同进步。案件管理部门的专职流程监控员主动审查各部门的办案流程；各业务部门设置各自的流程监督员，负责该部门案件的流程审查工作，发现问题及时向案件管理部门反馈。案件管理部门的流程监控员发现问题可马上联系各部门流程监督员，保障信息沟通到位、及时。定期召开流程监控情况通报会，案件管理部门可针对办案流程问题，在会议上向业务部门提出建议；业务部门提出问题的症结让双方进行直接交流，解决沟通渠道不畅通造成的信息不对称问题。

2. 纵向合作机制。一是指导机制。上级院应选派专人负责对下级院进行业务指导工作，发挥专业引导作用。下级院应当将流程监控中遇到的问题及时向上级院报告，寻求上级院专业化和富有经验的指导意见。为切实帮助基层检察院建设德才兼备的高素质专业化检察队伍，湖南省院印发《湖南省检察机关"导师带新人"模式培训工作方案》，在全省检察机关探索实施"导师带新人"培训新模式，充分发挥优秀业务骨干的传帮带作用，实施一对一精准辅导教育培训，助力全省检察青年干警尤其是基层院检察干警综合素能的迅速提高。

二是一体化机制。要建立以省级院为龙头、分州市级院为办案主体、基层院为基础、上下一体化的流程监控工作机制，分工配合，各有侧重，共同促进。在今后的工作中，要发挥省级检察院的龙头作用，带头做好各种专项监控、重点案件监控。要发挥州市级检察院的主力军作用，州市级检察院介于省检察院和基层检察院之间，起着承上启下的突出作用，是办理各类重大案件、重大问题流程监控的主力军，调度和指导基层检察院整合力量进行监控。基层检察院要做好日常监控，做到案件监控全覆盖，发现严重问题及时向上级院请示，与上级院联合实施监督。

三是交叉交办机制。建立同级院交叉、上下级院交办机制。同级院交叉、上级院交办下级院，对不属于本院的他院案件进行流程监控，可以在流程监控过程中依法依规进行，避免受到熟人因素干扰，创造客观公正的内部监督环境，能有效提升流程监控工作效果。

3. 与外部监管对接机制。一是与人民监督员制度对接。建立流程监控与人民监督员之间的对接机制，充分拓展人民监督员参与执法活动的知情权与参与权，分季度邀请人民监督员，向人民监督员通报季度流程监控工作情况，并与人民监督员展开讨论，听取人民监督员意见，接受人民监督员进行外部监督。有条件的地方可以尝试邀请人民监督员参与或者监督流程监控工作。

二是与政法各单位内部监管部门对接。建立政法各家内部监管部门对接机制，实现信息共享，提高监督效率。政法各家要协同一致，派专人负责对接，建设信息共享平台，充分运用现代信息技术实现各家之间执法、司法信息互联互通，提高衔接工作效率。

三是信息化智能辅助监管机制。信息化、智能化推进流程监控工作的深入发展，不断创新流程监控新方法。全国检察机关第二次案件管理工作会议提出，检察机关案件管理工作要坚持科学管理、能动管理、智能管理三个理念。因此，以信息化手段赋能流程监控迫在眉睫！案件管理部门要敢于监督，更要善于监督。善于监督的重要表现为要有二次转化本领。一次是将监管中发现的问题迅速转化为管理规则，二次是将管理规则写成技术规则，通过两次转化实现由人盯人到用技术手段管控的模式转变。比如，充分利用教育整顿中专项案件质量评查结果，将司法实务中存在的普遍性、苗头性问题及时总结提炼，梳理成规则，再转化为技术手段。又比如，针对存疑不逮捕案件，超期一年未能移送审查起诉的案件，设置系统自动筛查规则，可以及时、有效督促检察官履行侦查监督职责。目前案管部门普遍存在人工荒问题，尤其是基层院监管力量严重缺乏，要想加强监管，以信息化手段监管替代人工监管是形势所迫，也是根本出路。

检察业务数据参与社会治理工作问题研究

吴世如　吴　彤[*]

目　次

* 吴世如，福建省福州市仓山区人民检察院党组书记、检察长；吴彤，福建省福州市仓山区人民检察院综合业务部检察官助理。

检察机关作为国家治理体系和治理能力现代化的重要参与者和促进保障力量，通过积极履行检察职能促进国家治理效能提升。但是，随着社会主要矛盾的变化，人民群众对法治有更高水平、更丰富内涵的需求。近年来，检察机关不再局限于通过个案办理的传统履职形式来参与社会治理、化解社会矛盾，而是结合办案延伸检察触角，通过运用检察业务数据来提升办案质效、推进社会治理。最高检也在全国检察机关学习贯彻《中共中央关于加强新时代检察机关法律监督工作的意见》的电视电话会议上强调，要以数字革命赋能新时代法律监督。如何运用好检察业务数据参与社会治理工作，"做优、做强、做实、做好"新时代法律监督，成为我们当前亟须解决的问题。

一、 检察业务数据参与社会治理工作的现状及问题

（一）检察业务数据参与社会治理工作的现状

目前，检察业务数据主要通过业务数据分析研判会商机制来参与社会治理工作。该机制主要包括业务数据提醒、业务数据分析、业务数据会商、会商意见部署与反馈、业务数据发布与解读等五个方面，这五个方面相互联系、层层递进，使得检察业务数据得以多角度参与社会治理。[①]

1. 数据分析指引治理方向。这里的数据分析是指广义的数据分析，即涵盖业务数据分析研判会商机制中的业务数据提醒、业务数据分析、业务数据会商等三个环节。检察业务数据经分析研判后，能为社会治理指引一定的方向。对检察业务数据进行分析，可以了解检察业务发展趋势或特点、其他机关履职情况以及社会运行问

---

① 申国军：《检察业务数据分析研判会商机制的实施与完善》，载《人民检察》2021年第12期。

题，并在此基础上研判趋势、特点、问题背后的深层次原因，进而对症下药、作出相应的工作部署。数据分析指引社会治理方向的具体表现为：通过影响检察机关内部决策部署，进而为有关党政部门、企事业单位、社会团体等的社会治理工作提供决策参考和行动依据。比如，依托分析报告推动当地开展专项整治活动、对相关部门履职进行预警提示、为有关行业堵漏建制提供思路等。

2. 数据披露增强治理互动。这里的数据披露是指业务数据分析研判会商机制中的业务数据发布与解读。数据分析主要是通过影响具备一定社会管理能力的主体来达到检察业务数据参与社会治理工作的目的，而数据披露的对象还包括社会公众。数据披露主要是保障社会公众的知情权，提升社会公众的社会治理参与度。社会治理的基本格局在于共建共治共享，这也就意味着社会治理必然包含着对话与合作。检察机关进行数据披露在某种意义上是与社会公众"对话"，这种对话既是对自身工作情况的坦诚，也是对社会运行情况的预警，更是对社会重大关切的回应。检察业务数据参与社会治理的另一种模式是增强社会治理主体之间的互动，推动社会公众配合并参与检察机关以及其他社会治理主体的社会治理工作，如自觉防范有关犯罪活动、主动提供法律监督线索等。

3. 智慧检务提供治理可能。近年来，检察机关大力推进智慧检务工程建设。统一业务应用系统的部署应用，为检察业务分析研判提供了海量的数据资源和强大的技术支撑。统一业务应用系统从 2013 年的上线运行到 2020 年的更新换代，检察业务数据参与社会治理的技术支撑逐渐成熟。检察业务数据处理工具的发展直接推动检察业务数据处理、应用能力的提升。检察业务数据无法直接参与社会治理，而是需要获得加工才能真正体现其社会治理价值。智慧检务建设解决的就是检察业务数据加工的工具问题，加工工具越先进，检察业务数据加工效果越好，检察业务数据参与社会治理的可能性越大。

（二）检察业务数据参与社会治理工作的问题

近年来，检察业务数据的运用得到了进一步的发展，在参与社会治理工作方面也取得了一定的成果，但是从总体情况来看，检察业务数据参与社会治理工作的价值并未得到挖掘，检察业务数据参与社会治理工作的过程中仍然面临一些问题和困难。

1. 数据分析成果未能充分实现有效指引。目前，大部分检察机关的数据分析成果并不能充分实现对社会治理方向的有效指引，这很大程度上制约了检察业务数据参与社会治理工作的广度和深度。数据分析成果指引治理方向失灵的问题具体表现为以下两种情况：第一种情况是，粗放式数据分析导致检察业务数据与社会治理工作脱节。部分分析研判能力较弱的地区的数据分析工作仍停留在粗放式阶段，即人工查找—数据提取—分析比对。这种就数据说数据的数据分析模式通常以时间、地区、业务条线等因素进行数据分类、比较，倾向于检察工作的全景式展示，对于数据背后的问题成因分析则浅尝辄止，无法全面、准确地在社会治理的难点、痛点与检察业务数据之间建立联系，最后导致检察机关错失主动履职、及时参与社会治理工作的机会。第二种情况是，会商成果转化困难导致治理指引目标未达。部分地区的业务数据分析比较到位，但是在会商成果转化环节却面临难产的困境。会商成果转化的思路不清晰、会商成果转化的抓手不明确、会商成果转化的渠道未拓展、会商成果转化的机制未形成，这些都是检察业务数据实现治理方向指引价值必须解决的问题。

2. 数据披露方式未能充分保障有效互动。目前，检察机关的数据披露方式主要是通过发布与解读业务数据来实现。这种数据披露方式的优点是全景式展示检察机关的主要工作，多维度呈现检察机关的办案实际，重点式聚焦党和国家工作大局，及时性回应社会重大关切。① 从专业度来看，这种数据披露方式无可挑剔，但是从社会公众，尤其是普通群众的角度来说，这种数据披露方式并不能保障社会治理的有效互动。对于具备一定专业知识的受众来说，目前的数据披露方式确实能从中获取到检察机关参与社会治理工作情况的有效信息，这是基于该受众群体具备分析专业解读的能力以及对于检察机关工作的关注。但是对于普通群众而言，这种专业化表达只能使其感受到检察机关参与社会治理工作的努力，而无法直接提取与其息息相关的信息，过于抽象的数据与概括性解读无法有效传递普通群众与社会治理之间的关联信息，自然也就无法引起普通群众对于检察机关披露数据的关注。也就是说，目前这种单一的数据披露方式在普通群众中的实际接受度不高，如何丰富数据披露方式，使数据披露方式兼具专业性与普适性是我们应该考虑并解决的问题。

3. 技术支撑不足未能完全打破数据壁垒。随着检察业务数据运用实践的深入，检察机关要进一步延伸社会治理工作触角、提高社会治理工作质效，就必须打破与其他社会治理主体之间的数据壁垒，才能全面、精准地抓取其他政法部门、甚至行政执法部门的有关数据，实现检察业务数据的有效分析。近年来，从中央到地方，检察机关都意识到大数据思维的运用对于履行法律监督职责、参与社会治理工作的重要性，部分地区检察机关也在积极探索建立政法大数据平台。但是从全国范围来看，跨部门大数据办案平台建设尚未完全实现，检察机关与其他政法部门、行政执法部门的数据壁垒依然存在，检察机关无法及时、主动发现有关法律监督线索。由此可见，检察业务数据参与社会治理的技术支撑存在不足。

---

① 参见申国军：《检察业务数据分析研判会商机制的实施与完善》，载《人民检察》2021 年第 12 期。

二、 社会治理与检察业务数据的内涵联系

实践需要认识来指导，要破解检察实践中检察业务数据参与社会治理工作的困境与难题，需要深入解读中国特色社会主义的社会治理理论，进一步明确检察工作、检察业务数据与社会治理工作三者之间的联系和契合点，从而为检察业务数据深入参与社会治理工作的进路设想提供理论依据和支撑。

（一）中国特色社会主义社会治理的内涵解读

加强和创新社会治理，是党的十八届三中全会以来全面深化改革的重要举措之一，经过多年的实践，中国特色社会主义的社会治理理论得以形成和发展。现就中国特色社会主义社会治理的内涵作如下解读。

1. 根本目标和指导思想。加强和创新社会治理的根本目标和指导思想是提高保障和改善民生水平。这是由我国社会主要矛盾所决定的。我国社会主要矛盾是人民日益增长的美好生活需要和不平衡不充分的发展之间的矛盾。需求侧的增长意味着供给侧也应随着增多才能达到供需平衡。加强和创新社会治理的根本目标和指导思想表明，参与社会治理的主体必须把人民利益摆在第一位，必须从人民对于美好生活的需求来思考参与社会治理工作的相关举措。

2. 基本理念。社会治理的基本理念是共建共治共享。"共建强调合力合资，共治强调合智合作，共享强调共益共赢，重心在于一个'共'字，凸显了社会治理的公共性、多元性、跨界协商性和共生性。"[1] 公共性表明社会治理必须以公权力为主导，具体表现为党

---

[1]　王名、董俊林：《关于新时代社会治理的系统观点及其理论思考》，载《行政管理改革》2018 年第 3 期。

委领导、政府负责；多元性表明社会治理主体的多样性，社会治理的主体既包括党委、政府等公权力机关代表，也应包括企业、社会组织、公民等社会公众；跨界协商性表明社会治理的工作思路强调多方合作，需要加强有关主体之间的对话与协商，要运用联系的观点解决社会治理问题；共生性表明社会治理工作对各社会治理主体的影响一致性，这也启发我们，社会治理工作是否有效，不能仅从一方主体进行评估，而是要看多方主体能否均在社会治理工作完成后获益，即产生共赢结果才是检验社会治理工作成效的标准。

3. 治理方法。党的十九届四中全会通过的《中共中央关于坚持和完善中国特色社会主义制度　推进国家治理体系和治理能力现代化若干重大问题的决定》强调，加强系统治理、依法治理、综合治理、源头治理。系统治理，即运用系统思维，把握事物本质和发展规律，跳出自身局限性，站在发展大局的高度参与社会治理工作。依法治理，即运用法治思维，通过推动科学立法、严格执法、公正司法和全民守法来参与社会治理工作；综合治理，即综合运用多种手段，多措并举、多管齐下，实现社会治理目标；源头治理，即将治理工作的端口前移，治理思路从事后处理向事前预防转变。

（二）检察业务数据与社会治理工作的内在联系

1. 与根本目标和指导思想的契合。检察业务数据来源于检察业务工作，是检察业务工作的一种呈现方式。检察业务数据参与社会治理工作是否与社会治理的根本目标和指导思想相契合，关键在于产生数据的检察业务内容是否凸显提高保障和改善民生水平这一主题。法治保障是实现社会治理的条件，检察机关作为法律监督机关，与社会治理工作息息相关，检察业务内容蕴含提高保障和改善民生水平的有关内容。因此，检察业务数据与社会治理的根本目标和指导思想相契合。但是，契合度的高低，则要看检察业务内容中关于提高保障和改善民生水平的内容是否明确和具体。

2. 与基本理念的契合。检察业务数据具备数据本身的抽象、概括功能，所以容易实现共建共治共享的基本理念。但是，要提高检察业务数据与社会治理基本理念的契合度，就必须重视检察业务数据参与社会治理工作的内容和方式的选择。公共性要求，运用检察业务数据履行法律监督职责，主动承担检察机关的政治责任和法治责任。多元性要求，检察业务数据参与社会治理工作要尊重社会治理主体的多元性，根据不同主体的需求对检察业务数据进行不同形式的深加工。跨界协商性要求，检察机关必须打通与各界协商的渠道，提高检察业务数据参与社会治理的精准度。共生性要求，检察业务数据参与社会治理应以实现有关群体利益保障为目标。

3. 与治理方法的契合。基于检察职能本身的特殊性，检察业务数据作为检察机关参与社会治理工作的重要抓手，依法治理的治理方法自然贯穿检察业务数据参与社会治理工作的始终。检察业务数据参与社会治理工作是通过检察业务数据的表象揭示社会治理存在的问题，实质上就是运用系统治理方法的表现。而这种可以透过现象看本质的功能，使得检察业务数据能够发现社会治理问题的根源，进而实现源头治理的目的。

三、 检察业务数据深入参与社会治理工作的可期待性

解决检察业务数据参与社会治理工作的困境与难题，不仅有中国特色社会主义社会治理理论的理论支撑和指引，检察实践也为检察业务数据深入参与社会治理工作构建了框架基础、明确了治理重点、提供了参与思路。

（一）分析研判会商机制构建框架基础

检察业务数据分析研判会商机制为检察业务数据参与社会治理

工作构建了较为科学的框架基础。检察业务数据分析研判会商机制由业务数据提醒、业务数据分析、业务数据会商、会商意见部署与反馈、业务数据发布与解读等五个方面共同组成，为检察业务数据参与社会治理工作构建了从启动到落地、从数据分析成果到成果转化应用的基本运行框架。经过三年的检察实践检验，检察机关在检察业务数据参与社会治理工作方面实现了量的突破，也证明了该机制对于检察业务数据参与社会治理工作的科学性。

但是，检察业务数据参与社会治理工作面临的问题和挑战，也提醒我们检察业务分析研判会商机制仍存在较大的健全、完善空间。检察业务数据参与社会治理工作要实现质的飞跃，就必须从五大环节入手，开展子机制建设工作。针对会商成果转化困难这一问题，应当着重从会商意见部署与反馈、业务数据发布与解读这两个环节入手，开展对应的子机制建设。会商意见部署与反馈环节的子机制建设主要解决的是社会治理建议被党委、相关职能部门、企事业单位等社会治理参与主体采纳并落地的问题，避免出现成果转化失败的局面。在内部运行机制上，梳理检察业务数据经深加工后的载体形式，制定内部规范或工作指引，明确针对不同主体在不同情况下的会商成果载体形式；在外部联系机制上，与外部不同社会治理主体建立对应的常态化会商机制，依托该外部会商机制解读内部会商成果、校准社会治理建议，接收成果落地反馈，推动检察业务数据深入参与社会治理工作。业务数据发布与解读环节的子机制建设主要解决的是普通群众对于检察业务数据关注度不高的问题，创造新的业务数据发布与解读模式，化繁为简、突出主题、具体形象，建立与典型案例发布、"谁执法谁普法"责任落实的联动机制，与专业型业务数据发布与解读方式形成互补。

（二）检察供给侧改革明确治理重点

检察工作高质量发展必须以深化供给侧结构性改革为主线。检察机关因时而变，不断根据人民群众的需求调整检察产品内容供给。因为，检察业务数据能否与社会治理工作所契合，在于检察业务数据的源头——检察业务工作是否与社会治理目标所契合。检察供给侧改革的提出也就意味着最高人民检察院对于各项检察业务的社会治理方向进行了抓取和明确，这对于无法全面、准确地在社会治理的难点、痛点与检察业务数据之间建立联系的下级检察机关而言，无疑是一种提示和指引。

从《"十四五"时期检察工作发展规划》（以下简称《规划》）来看，社会治理重点大致明确在以下几个方面：积极参与网络综合治理，惩治网络犯罪；保障创新驱动发展，做实知识产权检察职能；依法支持企业经营发展，做实企业合规试点；创新未成年检察，履行未成年人司法保护主导责任；精准开展民事裁判结果监督，深入推进民事执行监督；做实行政检察，常态化开展行政争议实质性化解；做好公益诉讼，突出解决重点领域损害公益问题；等等。

检察业务数据深入参与社会治理工作的第一步，就是选好题目和角度，在"十四五"时期，要紧扣《规划》要求，紧跟检察供给侧改革进度，结合本区域检察工作实际，找准检察业务数据参与社会治理工作的切入点。

（三）现有数字检察经验提供参与思路

个别地区的数字检察建设走在全国前列，为其他地区进一步开展数字检察建设提供宝贵的经验。首先，是参考数据采集和管理的建设思路。检察业务数据运用的进一步发展，需要与其他社会治理主体的数据进行对接，才能更主动地发现监督线索，更准确地论证分析结果，作为走在全国前列的浙江检察机关在《浙江数字检察建设"十四五"规划》中阐述了数据采集和管理思路：建立与政法数据中心、公共数据中心等数据平台的数据调取通道，基于数据场景应用需求，持续推进与政法办案数据、行政执法数据以及社会公共数据的衔接。其次，是学习检察业务数据参与社会治理的工作思路。浙江检察机关利用检察业务数据参与社会治理的工作思路可以概括为：典型个案触发—检察业务数据集成检索—挖掘类案线索—开展法律监督（调查核实、制发社会治理检察建议或向有关部门移交相关线索）—促进社会治理。

四、 检察业务数据深入参与社会治理工作的方案设想

（一）检察业务分析研判机制引入类案监督方法

要将系统治理、源头治理的治理方法运用到检察业务数据参与社会治理工作中，实现路径可以是将类案监督方法引入检察业务分析研判机制的业务数据分析环节。具体工作思路是：以个案为线索，通过检察业务分析研判手段，清查出同类案件，由个案监督扩展到类案监督，并就此作专题分析研判报告。专题分析研判报告对于社会治理工作任务的落地，可以通过社会治理检察建议这一法律监督方式予以落地。一方面，要善于运用类案专项分析研判成果，将成果转换成社会治理检察建议，有针对性地向有关单位和部门提出改进工作、完善治理的建议，从源头上促进社会治理。另一方面，还可以探索将类案分析研判报告作为社会治理检察建议书的附件，通过可视化数据更为直观地向制发对象展现问题所在，引起对方重视，进而提高社会治理检察建议的刚性内涵。

（二）检察业务分析研判机制引入检察公开听证

为了加强检察业务数据参与社会治理的跨界协商性，真正实现社会治理的共建共治共享理念，因此可以在检察业务数据分析研判机制的会商意见部署与反馈环节引入检察公开听证。检察公开听证的具体节点有两个。第一个节点是社会治理建议提出前与相关治理主体的沟通、协商，这个环节的检察公开听证有以下三点积极作用：一是《人民检察院审查案件听证工作规定》的出台使公开听证具备一套完整的程序流程，赋予了公开听证一定的程序正当性，经正当程序形成的决策参考，即听证参与人的意见，能进一步校准检察业务数据分析结果，更能为社会治理工作的部署提供较为对称的决策信息。二是公开听证多方参与的互动模式，让多方主体更为清晰地了解检察业务数据反映出的社会治理问题的严重性，同时借助党委监督、人大监督、公众监督等监督方式，倒逼有关社会治理主体参与社会治理工作，共同运用检察业务数据实现社会治理目的。三是公开听证增强了检察机关参与社会治理工作的透明度，让当事人以看得见的方式感受到公平正义。第二个节点是相关治理主体采纳社会治理建议情况的反馈、验收，这个环节的检察公开听证目的在于：邀请党委、人大、公众等监督主体，与检察机关共同监督、验收相关治理主体的落实情况，确保检察机关提出的社会治理建议落地见效，真正实现检察业务数据参与社会治理。

（三）检察业务分析研判机制引入新宣传模式

创造新的业务数据发布与解读模式。在发布与解读内容上，使用通俗化语言进行表达，选取时下社会治理重点、热点开展碎片化、主题式、形象化宣传。这里的碎片化是指内容输出的精简，即发布与解读的内容篇幅较短；形象化是指丰富发布与解读载体，如模仿天气预报发布发案趋势提示，或以小幅漫画或短视频为载体对检察业务数据中的典型案例进行列举佐证。在发布与解读机制上，可依托现有的"谁执法谁普法"普法责任制、典型案例常态化发布机制，与检察业务部门、检察宣传部门进行联动，共同做好检察业务数据的发布与解读工作。

（四）探索数字检察的建设进路

数字检察的建设尤其是跨部门的数据互换平台建设面临财政支出、技术支持、部门利益保护等多层挑战，其全面推开绝非一日之功。对于数字检察的建设进路，可以有以下两条进路：一是自上而下的建设进路。借鉴浙江检察机关的试点成功经验，可以按照推广统一业务应用系统的思路，由点及面，由最高人民检察院牵头协调、部署落实，自上而下，分批次、有步骤地进行建设。二是自下而上的建设进路。地方检察机关可以依据本地实际与自身能力，小范围地对特定类型的数据进行数据平台互换建设。类型数据的选定一般以党委的重点工作部署为指引，借助党委的支持与领导，才能最大限度实现各社会治理主体的数据共享。

监管实务

JIANGUAN SHIWU

提升文书释法说理质量的实践与思考

——以 H 省刑事检察释法说理法律文书评查为样本

翦鹏耀　王　侃　赵冰凌[*]

---

* 翦鹏耀，河南省人民检察院案件管理办公室综合管理科三级高级检察官助理；王侃，河南省三门峡市人民检察院案件管理办公室主任；赵冰凌，河南省卢氏县人民检察院案件管理办公室主任。

（三）监督管理不到位

四、加强和改进法律文书释法说理工作的思考

（一）加强对文书说理工作的管理

（二）提升文书说理工作的规范性和针对性

（三）健全文书说理工作考核和评价机制

党中央和最高检历来高度重视法律文书释法说理工作，《中共中央关于加强新时代检察机关法律监督工作的意见》强调，要加强法律文书说理和以案释法；《最高人民检察院关于实行检察官以案释法制度的规定》《最高人民检察院关于加强检察法律文书说理工作的意见》就加强和规范检察机关法律文书说理工作作出专门规定。法律文书释法说理直接涉及办案质效和能动履职，影响矛盾化解和诉源治理，关乎检察机关形象和司法公信力。本文以 H 省刑事检察释法说理法律文书评查为样本，对文书释法说理工作中存在的常见、多发问题进行梳理，对说理质量不高的主要原因开展分析、提出对策建议，以期提升检察法律文书释法说理质量，助力提高检察工作现代化水平。

一、 H 省刑事检察释法说理法律文书评查概况

为全面、客观、准确摸清全省刑事检察法律文书释法说理工作中存在的问题，H 省此次评查在对象的选择上注重覆盖面和代表性，在评查的方法上突出多样化、信息化和专业化，在评查的结果上注重发现"真"问题和掌握全省文书说理的总体质量状况。

（一）评查对象

评查的法律文书涵盖市、县（区）两级院 184 个单位，做到了全覆盖。选取了 2018 年 1 月至 2022 年 1 月市、县（区）两级院已

办结 7 类刑事案件（提起公诉案件、退回补充侦查案件、不批捕案件、不起诉案件、上诉案件、抗诉案件、刑事申诉案件）的 8 类法律文书，具体包括：起诉书、公诉意见书、退回补充侦查提纲、不批准逮捕理由说明书、不起诉理由说明书、抗诉书、抗诉（上诉）案件出庭意见书、刑事申诉审查结果通知书，共评查了 4040 件刑事案件的 4463 份释法说理法律文书。每个地市每类文书的评查数量都超过了 14 份，兼顾了种类和数量，评查以文书说理性问题为主，兼顾文书不规范问题。

（二）评查方法

1. 综合运用多种评查方式。各市级院自查文书不少于 80 份，其中每类文书不少于 10 份，确保达到一定比例，保证评查典型性。省院案管办通过检察业务应用系统随机抽取每个地区 40 份文书，采取"推磨"方式，组织市级院之间交叉评查，确保"真"评查，发现"真"问题。省院随机抽取每个地区 24 份文书直接评查，发挥提级评查的示范引领作用。

2. 全部采取线上评查。评查人员直接在检察业务应用系统上查看文书及其所涉案件材料，既方便查阅关联案件进行深度评判，也方便了解文书在系统中的制作、审批、归档等运行情况。有的地区还使用省院评查智能软件，实行跨级别、跨地区的交叉评查，节省实体卷宗调取时间，提升评查效率。

3. 评查前专门开展培训。针对文书评查专业性强、案管部门检察官少、评查经验不足等问题，为保证评查有力有效开展，省院专门邀请获评全省刑事检察优秀释法说理法律文书的员额检察官，讲授如何判别文书释法说理质量；邀请案管条线资深检察官，结合实战经验，讲授如何精准高效开展评查。

4. 评查人员专业性较强。除案管部门检察官外，各地着重选取刑检部门业务强、作风硬、办案经验丰富的检察官担任评查人员，确保评得深、评得准，评查结果使人信服。

（三）评查结果

总体上看，H 省检察机关认真贯彻中央、最高检部署要求，不断规范和加强文书说理工作，整体情况较好，但一些文书仍不同程度存在说理不充分不到位问题，此类文书有 1338 份，占比约 30%。不起诉理由说明书、不批准逮捕理由说明书、公诉意见书、退回补充侦查提纲、起诉书等 5 类文书说理质量问题相对集中。评查不起诉理由说明书 601 份，存在问题 233 份，占比约 38.8%；评查不批捕理由说明书 639 份，存在问题 233 份，占比约 36.5%；评查公诉意见书 667 份，存在问题 235 份，占比约 35.2%；评查补充侦查提纲 668 份，存在问题 224 份，占比约 33.5%；评查起诉书 684 份，存在问题 212 份，占比约 31%；评查抗诉书 430 份，存在问题 96份，占比约 22.3%；评查刑事申诉审查结果通知书 393 份，存在问题 73 份，占比约 18.6%；评查抗诉（上诉）案件出庭意见书 381份，存在问题 32 份，占比约 8.4%。

二、 文书释法说理存在的主要问题

近年来，各地检察机关高度重视和加强文书释法说理工作，但也有的案件办理和文书说理没有做到求极致和止于至善，未能适应新时代检察业务高质量发展的要求，存在一些较为突出的问题，主要表现为：事实阐明不清晰、不明确，法理释明不准确、不恰当，情理说明不充分、不到位，语言表述有错漏、不规范。

（一）事实阐明不清晰、不明确

1. 重要文书或重要内容缺失。个别办案人员应制作而未制作相关释法说理文书，针对提起公诉、退回补充侦查、刑事申诉等案件，没有制作公诉意见书、退回补充侦查提纲、刑事申诉审查结果通知书。有的释法说理文书没有事实的阐述或阐述不全面。如某区院办理的许某刑事申诉案，刑事申诉审查结果通知书中缺少审查认定案件事实部分；又如某县院办理的张某某玩忽职守案，退补提纲中已明确提出"查清张某某玩忽职守行为造成的严重危害结果"的补查方向，补查事项中却未提及相关内容。

2. 将释法说理文书模板作为正式文书使用。有的文书直接使用模板，未根据案件情况添加具体内容，未阐明任何事实。如某县院办理的彭某某寻衅滋事案，不起诉理由说明书内容为空白。某县院办理的卢某、龚某某生产、销售伪劣产品案，公诉意见书直接套用文书模板，除添加抬头和落款外，内容几乎不作修改。有的文书对模板中的选择性、提示性用语未加修改就生硬套用，影响文书严肃性，受评查单位均不同程度存在该问题，需要引起格外重视。

3. 存在"一句话"等内容过于简短的说理性文书。不批准逮捕理由说明书、不起诉理由说明书存在此类问题较为突出，不批捕、不起诉理由仅表述为"事实不清、证据不足""情节较轻"等一句话，过于简单。如某市院办理的李某某帮助信息网络犯罪活动案，不捕理由仅为"犯罪情节较轻，可能判处拘役刑"，未结合犯罪嫌疑人犯罪情节、社会危害性以及认罪悔罪态度等进行具体阐述。有的文书只有寥寥几行字，起不到说理作用。如某县院办理的高某某等3人非法占用农用地案，退回补充侦查提纲的主要内容只有三行文字，未详细说明退补理由、补查方向、取证目的和补查要求等，起不到引导侦查作用。

4. 犯罪事实认定形式化，针对性不强。证据列举不详细、不具体，笼统列举证据名称或者简单罗列证据内容后便直接得出结论，缺乏分析论证过程。如某区院办理的赵某某刑事申诉案，刑事申诉审查结果通知书说理部分仅表述为"经调取、审阅公安机关卷宗材料、本院卷宗材料、医院相关材料，询问公安机关办案人、听取申诉人意见。本院认为，原张某故意伤害一案事实不清、证据不足"。再如某县院办理的马某某刑事申诉案，没有针对申诉人申诉理由进行具体说理，只笼统表述为"检察院对申诉人的不起诉决定，事实清楚，证据确实充分，处理适当，申诉人的申诉理由不能成立，不符合立案复查条件"，对事实认定没有展开论述，刑事申诉审查结果通知书成了纯粹的"结果"通知书。

5. 事实表述公式化、不明确。有的公诉意见书对犯罪事实部分的论证仅使用"已经形成完整的证据链""供与证、证与供之间互相印证"等公式化语言，给人以事实空洞的感觉。有的退回补充侦查提纲补查事项不具体，要求公安机关补查的事项不明确。如某县院办理的巴某某交通肇事案，退回补充侦查提纲中的补查事项为"被害人传唤不到，无法证实调解协议是否为真实意愿表达"，表述笼统，要求公安机关做哪些补查工作不明确。

（二）法理释明不准确、不恰当

1. 未引用相关法律条文或者引用不当。一是有的法律文书说理时缺少相关法律依据。如抽查某市院的 14 份不起诉理由说明书中有 8 份未引用相关法律条款，不起诉决定难以让人信服。二是有的文书引用了不该引用的内部规定，如某区院办理的吴某某强奸案，抗诉书不当引用《河南省高级人民法院〈关于常见犯罪的量刑指导意见〉实施细则》，该文件并非司法解释，一般作内部办案指导，不宜在抗诉书中引用。三是有的文书引用法律条文不完整甚至错误。如某区院办理的邵某等 6 人聚众斗殴案，不批准逮捕理由说明书错误引用《刑事诉讼法》第 81 条关于批准逮捕的规定；再如某区院办理的朱某某贩卖、运输毒品案，起诉书中仅概括表述触犯了

"第三百四十七条"，但没有写明适用的具体款项。

2. 缺少法律分析论证或者法律分析论证不准确。一是缺少对法律适用依据和理由的解释。如某县院办理的张某刑事申诉案，刑事申诉审查结果通知书中关于原案是否超过诉讼时效的问题，仅描述了邓某某和张某的供述情况，未从法律层面对"诉讼时效"进行论证；关于程序违规问题，未进行解释说明，仅表述为"经审查，张某提出的上述情况无证据支持。即便真如其所述，属程序瑕疵，不影响不起诉决定书的效力"。二是解释说理存在明显错误。如某县院办理的周某工程重大安全事故案，不起诉理由为"虽存在工程质量问题，但不足以危害公共安全，其行为不符合工程重大安全事故罪的客观构成要件"，但从法条看，"造成重大安全事故"才是该犯罪的构成要件，而非"足以危害公共安全"，说理存在明显错误。三是认罪认罚抗诉案件的抗诉书普遍存在说理不充分问题。被告人认罪认罚后提出上诉，检察机关提出抗诉，但抗诉书中未具体写明被告人认罪认罚反悔后不再适用认罪认罚从宽制度的理由和依据。

3. 对是否够罪、构成何罪等法律适用问题缺乏说理。如某县院办理的李某某侵犯公民个人信息案，起诉书未载明定罪情节，对"违反国家有关规定"的构成要件缺少分析；再如某县院办理的贾某某挪用资金案，公诉意见书对犯罪构成论述不清，挪用资金罪犯罪主体应为公司、企业或者其他单位的工作人员，而该案起诉书中却论述为"贾某某已满十六岁且神智正常，符合本罪的主体"，主、客观方面和客体上的论述也流于形式。

（三）情理说明不充分、不到位

一是只阐明事实、释明法律，未结合案件讲情理、讲道理。有的公诉意见书缺少"法制宣传和教育工作"部分，在公诉意见书中没有体现对被告人开展法庭教育。如某区院办理的曲某某、张某抢劫、诈骗案，公诉意见书仅是复制模板表述"根据庭审情况，在揭露被告人犯罪行为的社会危害性的基础上，作必要的法制宣传和教育工作"。二是说理机械、教条，不注重法理情的有机结合，缺乏司法办案的人文关怀和社会效果。如某县院办理的陈某强奸案，公诉意见书对于"本案应吸取的教训"部分，仅表述为"我们发现被告人陈某，没有树立正确的人生观、价值观，以至于走到今天的这个地步，今天在被告人席上，希望你认罪服法，重新做人"，仅仅生搬硬套，没有具体分析被告人走上犯罪道路的原因及社会危害性。

（四）语言表述有错漏、不规范

1. 语言表达不准确。存在"询问"与"讯问"不分，嫌疑人、被告人与上诉人混用，将"被害人陈述"写成"证人证言"等情形。如某分院办理的韦某盗窃案，上诉案件出庭意见书对原审被告人、二审上诉人的表述前后不一致，有表述为上诉人的，有表述为嫌疑人的，有表述为被告人的；再如某区院办理的靳某诈骗案，一次退回补充侦查提纲显示"提取被害人明朝某、明某某的陈述"，二次退回补充侦查提纲则变为"提取明朝某、白某某的证言"，明朝某实为被害人而非证人。

2. 表达混乱、语句不通顺。如某区院办理的王某某过失致人重伤案，公诉意见书"量刑建议"部分写的是"法庭教育"的内容；再如某县院办理的魏某寻衅滋事案，不捕理由出现"据杨某、刘某的供述及辨认参与人有魏某，被害人夏某某与证人张某证实参与人有六个人""参与作案人数为五人，人数、参与人无法印证，证人证言之间存在矛盾"等多处表述语句不通，"人数""参与人"的具体指向不明。

3. 关键表述出现错别字。如某区院办理的朱某某诈骗案，公诉意见书量刑建议错误表述为"并处罚金 10000 万元",多加了一个"万"字,影响文书准确性、严肃性;再如某县院办理的吕某某猥亵儿童案,起诉书将被告人姓名"吕某某"错写为"刘某某",并有多处标点符号使用错误。

三、 问题产生的原因分析

最高检 2011 年出台《关于加强检察法律文书说理工作的意见(试行)》,2017 年予以修订。近年来,最高检反复强调规范和加强文书说理工作。但从评查和平时掌握的情况看,文书释法说理薄弱、质量效果不佳的问题依然突出,原因是多方面的,但主要还是重视程度不够、能力素质不强和监督管理不到位。

(一) 释法说理意识不强

一是对释法说理工作不够重视。有的单位、有的办案人员甚至个别院领导,认为释法说理是软任务,缺乏说理的意识和观念,存在重办案轻说理、重结论轻论证的思想,开展释法说理的主动性、自觉性不强。二是存在"说理越多、麻烦越多"的错误理念。受"言多必失"等观念影响,办案人员对于释法说理存在宜粗不宜细、易简不易繁的认识误区,担心说理越具体、越详细,漏洞就越多,导致文书内容模式化、语言程式化,难以通过释法说理实现"三个效果"有机统一。三是释法说理的责任没有压实。司法责任制改革和捕诉一体改革后,办案人员承担的办案压力加大,将精力更多投入案件实体的处理,对于释法说理存在能省则省、能简则简的倾向,一定程度上影响了说理效果。评查发现的文书格式、错别字、标点符号等问题都是一些"低级失误",反映出一些办案人员责任心不强、工作标准不高。

（二）释法说理能力不足

一是学习不及时、不全面。《最高人民检察院关于实行检察官以案释法制度的规定》《最高人民检察院关于加强检察法律文书说理工作的意见》《人民检察院刑事诉讼法律文书格式样本（2020版）》《人民检察院工作文书格式样本（2020年版）》《补充侦查工作文书样式及补充侦查提纲参照范例》等印发后，有的办案人员学习没有及时跟上，对文书说理的最新要求把握不准确，还是执行旧的规定。二是法律政策水平、群众工作能力、文字表达能力不强，对释法说理缺乏底气，有畏难情绪，不敢释法说理。随着人民群众法治观念的普遍提高，个别检察人员在办理案件，特别是办理疑难、复杂案件时，害怕当事人在法律文书上找出破绽或"胡搅蛮缠"，宁愿不说理、少说理、含糊说理或抽象说理。三是以"专业性"为借口试图掩盖说理能力不足的问题。有的检察官习惯使用生涩难懂的"法言法语"撰写说理性文书，看似"专业"，实则未考虑受众的理解力和感受，没有用老百姓听得懂的语言进行说理，效果大打折扣。

（三）监督管理不到位

1. 文书审核把关不严。办案中不少法律文书由检察官助理协助制作，有的检察官当"甩手掌柜"，审核把关不严；检察官办案自主权增大，许多法律文书可以自行决定签发，业务部门监管没有及时跟上；需要发送主管院领导审批的文书，有的院领导分管部门多、阅卷不充分、把关不到位；案管部门作为监管部门，对文书质量负有监管职责，但由于员额检察官少，作用发挥不充分，上述监督管理环节"层层失守"。

2. 法律文书说理质量评价机制不健全。在目前案多人少的背景下，有的员额检察官在文书说理质量上"偷工减料"，而多数院针对文书说理开展专项评查的常态化机制尚未形成，定期分析、通报较少，文书说理质量难以保证。

3. 未建立有效的激励约束机制。部分单位文书释法说理尚未纳入检察官业绩考评体系，检察人员释法说理的积极性未被充分调动起来。对于违反规定不履行文书说理责任，或者说理不当造成不良影响的，对相关人员追责惩戒不到位，起不到应有的警示作用。

4. 业务指导培训不到位。上级院业务部门在文书释法说理方面缺少针对性对下指导，各地在落实说理的具体要求上把握不一。针对文书释法说理的专题培训较少，办案人员存在一定的"本领恐慌"，制约了文书说理工作的高质量开展。

四、 加强和改进法律文书释法说理工作的思考

法律文书反映检察官工作能力，直接影响办案质效和人民群众对公平正义的获得感。检察机关应全面贯彻习近平法治思想，以求极致的精神用心用情制作好每一份释法说理法律文书，把每一份法律文书都办成一次生动的普法课，努力为人民群众提供更好、更优的法治产品、检察产品。

（一）加强对文书说理工作的管理

一是加强组织领导。检察机关要把检察法律文书说理工作放在与监督办案同等重要的位置，同部署、同督促、同检查。领导干部，特别是入额院领导要以身作则，在带头办案中带头规范法律文书释法说理工作。二是把检察法律文书说理工作作为落实司法责任制的有效措施，压实检察官说理主体责任。入额院领导、业务部门负责人和业务监管部门要正确理解司法责任制改革要求，增强担当意识，提升管理能力，履行好监督管理职责。对于未按要求落实检

察法律文书说理工作的，要坚持主客观相一致原则，充分考虑主观过错责任大小和产生不良影响（后果）的严重程度，依法依规严肃追究相应司法责任。三是强化上级检察院对下级检察院、上级检察院业务部门对条线的业务指导，形成分级负责、协作配合、同频共振的工作格局，确保检察法律文书说理工作常态化开展、规范化运行。

（二）提升文书说理工作的规范性和针对性

一是说理要体现主动性。对于涉及案件终局处理或办案重要节点的要主动说理，当事人对事实、证据、法律适用等提出质疑或者异议的要精准说理，有关人员对办案行为或文书内容表示强烈不满、可能引起上访缠访的要及时说理，把矛盾化解在萌芽状态，促进案结事了人和。二是说理要增强规范性。制作说理性文书要注重严谨性、权威性、指导性，事实清楚、于法有据、说理透彻，使当事人心悦诚服。三是说理要提高针对性。对公安机关的说理，要联系事实、证据等各种主客观要素，对案件进行全面综合分析；对审判机关的说理，要基于案件事实和证据情况，有针对性地影响法官对案件事实细节的判断、对证据的采信以及法律的适用；对当事人的说理，要针对说理对象年龄特点、文化程度、心理特征，采用易于理解和接受的方法进行说理，坚持法理情相结合。四是抓实常用、重点法律文书说理。规范起诉书、公诉意见书、退回补充侦查提纲、不批准逮捕理由说明书、不起诉理由说明书、抗诉书、抗诉（上诉）案件出庭意见书、刑事申诉审查结果通知书等常用法律文书，注重通过抓重点检察法律文书说理，带动检察法律文书说理水平整体提升。

（三）健全文书说理工作考核和评价机制

一是充分发挥检察官考评"指挥棒""风向标"作用，把法律文书释法说理作为检察官考核的重要内容，能动调整法律文书说理考评指标，科学设置相应分值，与员额检察官动态管理有机结合，促推检察官愿说理、敢说理、会说理。二是健全文书说理质量评析通报制度，经常性开展法律文书说理情况专项评查、讲评、评比展示活动，对发现的未说理、"一句话"简单说理等说理较差的法律文书，要适当曝光，引起警醒，吸取教训。三是注意总结梳理优秀说理文书和较差说理文书，形成典型案例及时发布，利用评查成果开展实战化专题培训，不断强化对法律文书说理工作的引导、指导，促进释法说理工作高质量开展。

流程监控工作实务问题及应对策略

罗发全　刘光辉[*]

目　次

---

　　* 罗发全，重庆市荣昌区人民检察院检察六部主任，一级检察官；刘光辉，重庆市人民检察院第二分院检察八部检察官助理。

司法责任制作为司法制度改革的基础性、核心内容，在司法权力运行机制中具有重要地位。而其运行效果如何，除了完善的顶层制度设计外，还需要检察监督管理制约机制的有效发挥。作为检察监督管理制约机制的重要组成部分，案件管理机制始于案件受理、终于案件办结的流程监控职能，在其诞生之初就被寄予了以发现案件质量问题、堵塞质量漏洞为己任的"厚望"。近年来，从最高人民检察院到地方检察院、从实体监督规则到自动化的流程监控软件，都有力地推动了流程监控工作质效的稳步提升，对于规范办案行为、促进司法公正具有十分重要的现实意义。

一、 流程监控工作的现实根基

案件管理制度发展至今，流程监控工作也走过了将近十个年头。当前，虽然流程监控工作仍然面临着不少问题，但就整体而言，它仍然在曲折中得到了长足的发展。同时，新时代对检察工作的高要求，也为流程监控的发展提供了现实契机，共同构成了其未来发展的现实根基。

（一）案件管理队伍相对稳定

尽管在内设机构改革后，不少地方检察机关尤其是基层检察机关的案件管理部门与其综合类业务部门进行合并，有的地方人员有所流失、有的地方加入新的工作内容，但合并之后的案件管理部门基本上保持住了一支比较完整的队伍。特别是近年来，案件管理队伍的年龄结构和知识结构逐步优化，各项技能竞赛、岗位练兵活动逐步开展，针对性、专业性较强的业务培训逐步常态化，在较大程度上锻炼了案件管理队伍素能，提升队伍履职能力。而且，原来部分较为棘手的意见分歧已经形成了共识，逐步得到了较为科学合理的解决，如原来司法责任制改革过程中关于亲历性如何认定、如何监管的问题，现在基本上已经形成了共识，案卡项目填录的标准日益明晰、准确，监管结果与业务评价之间的利益联结机制也取得了有益的成果。

（二）检察业务应用系统功能日益完善

流程管理的范围要突破传统，既主要依赖系统的支撑，但又不局限于系统，要将重要诉讼环节和工作制度落实情况置于同等重要的地位。目前，不少地方检察机关已经自行研发了具有案卡纠错功能的操作软件，检察业务应用系统 2.0 版本也配置了扫描录入、自动回填功能，更新了案卡关联规则，最高检出台了《人民检察院案件流程监控工作规定（试行）》，地方检察机关如海南省院、重庆市院也印发了工作办法，这些都有效丰富了流程监控的监督手段。另外，检察业务应用系统日臻完善，有效实现了对办案活动的同步监督。在案件的全部和全程录入基础上，借助该平台能够随时掌握案件进程，对个案或类案进行动态巡查，并实现对关键节点与薄弱环节的实时监督，如对律师权利义务的告知、涉案财物出入库管理和办案期限的预警等的实时监督，从而使案件集中管理工作由被动转为主动。需要注意的是，介入一线办案业务、服务一线办案业务，是包括流程管理在内的案件管理工作的生命线。介入不到位，是失职失责；介入越线，又会对检察官独立办案形成影响甚至是干扰。如何做到恰到好处，需要一个共同摸索、逐步成熟的过程。

（三）"案 – 件比"指标提升流程监控效能

案件管理是检察机关开展检察业务管理的枢纽，是"案 – 件比"实践情况第一手资料的掌握人，是既有问题、苗头问题的分析人和预判者，也承担着积极解决问题、助推检察工作高质量发展的重要责任。最高检党组在研究案件管理工作时强调，实现新时代检察职能建设，案件管理系于不止一半。① 要想充分发挥这个作用，将最高检党组的要求落到实处，就需要研判办案质量，定期通报业务数据运行情况，督促检察官针对性改进。在此过程中发现的问题，均可能是通过不准确、不完整或者是不及时的案卡填录时录入，最终影响到"案－件比"等质量评价指标的准确性。因此，以"案－件比"指标为核心的质量评价指标体系的出台，在很大程度上提高了对流程监控质效的需求，进一步夯实了流程监控的现实基础，提供了进一步发展的动力和契机。

二、 流程监控工作实务存在的主要问题

流程监控作为案件管理的一项基础性工作，在各地案件管理部门得到普遍开展，但随着司法责任改革、内设机构改革、检察职能重塑等相关改革持续深入推进，以及法律规定、司法解释、规范性文件持续更新，流程监控工作在实务中暴露出的一些问题，制约了流程监控工作质效，与新时代案件管理体系和管理能力的现代化要求尚有差距。

（一）流程监控工作体系不健全

流程监控面对的是所有检察业务类型的办案活动，贯穿整个案件受理、办理环节，这决定了流程监控面广线长、工作量大，需要从多方面加强统筹整合，形成全面、实时、动态的流程监控体系。建立健全流程监控体系，需要围绕不同业务类型、办案活动特性建立统一的监控标准和指引，实现各种监管职能、监控方式、监控力量的融合。最高检于 2016 年制定了《人民检察院案件流程监控工

---

① 参见童建明：《构建新时代检察机关案件管理工作新格局　为促进检察工作高质量发展提供坚强管理保障》，载《检察日报》2021 年 10 月 28 日第 2 版。

作规定（试行）》，为流程监控工作提供了基本的制度依据，但较为原则和笼统，流程监控制度机制建设尚不成体系。特别是民事检察、行政检察、公益诉讼检察等业务作为流程监控工作的弱项，更加需要完整、统一的流程监控指引。此外，流程监控与质量评查、数据监管融合不够，人工监管与信息化监管没有实现有机结合，案件管理部门与业务部门之间沟通衔接不畅，没有形成统筹整合的多层次多元化流程监控格局。

（二）流程监控工作刚性不足

流程监控对司法办案进行全程、同步、动态监督，进一步强化内部监督制约，关键在于增强严格规范司法办案流程的刚性约束。《人民检察院案件流程监控工作规定（试行）》第20条规定，"案件流程监控情况应当纳入检察人员司法档案，作为检察人员业绩评价等方面的重要依据"，为流程监控刚性提供了支撑，但规定较为原则化，缺乏具体标准和操作细则，流程监控结果尚未得到广泛运用。实际工作中，案件管理部门多采用流程监控通报的方式进行刚性约束，上级通报一定程度上能够形成压力传导并引起重视，但通报次数、问题数量受限，且所通报问题随机性大，同级通报缺乏约束力难以引起重视，容易因敷衍、推诿呈现出"无力感"，陷入同样的问题反复通报、重复出现的尴尬。部分案件管理部门畏手畏脚，不敢监督，监督表面化、浅层化，[1] 没有处理好流程监控与服务办案的关系，没有做到寓监管于服务之中，而将主要人力、精力用于收送案件、录入案件、制作电子卷宗等事务性服务，或者局限于"友情"提示办案流程中存在的小瑕疵，又或者监控问题不精

---

[1] 参见董桂文：《定思路抓重点转理念强队伍　促进新时代案件管理工作高质量发展》，载《检察业务管理指导与参考》第3辑。

准、依据掌握不充分，弱化了流程监控刚性。

（三）流程监控工作开展不平衡

流程监控工作尽管得到普遍开展，但基层案件管理部门兼顾控告申诉检察、法律政策研究、检委会秘书等工作，职能多、任务重，不同地区流程监控工作重视程度、广度深度、质量效果差异较大，有的地区聚焦专业化、信息化、精准化、常态化积极构建较为成熟的司法办案全程监督体系，也有一些地区流程监控呈现零散化、表面化、形式化。同一地区发展也不平衡，同一个地区所辖基层院中，有的基层院在全面履职的基础上，已经在监督深度、监督力度、机制创新上取得了明显的成效；而有的基层院还停留在简单的办案期限监督，没有深入细致的流程监控。① 最高检提出"四大检察""十大业务"全面协调充分发展，但当前案件管理部门对"四大检察""十大业务"办案活动的流程监控还没有做到全面协调充分开展，主要集中在对刑事案件的流程监控，受自身人力、能力限制，对其他业务条线的办案活动却少有涉及。

（四）流程监控人员能力不适应

改革背景下，案件管理部门队伍尽管总体上保持了稳定，但流程监控人员直接对应"十大业务"条线的案件受理、办理程序监管，任务重、时间紧、要求高、工作量大，能力还不能适应新形势、新要求，一定程度上制约了流程监控工作的有效开展。实践中，繁重的流程监控工作任务主要由案件管理部门的一名流程监控员负责，在基层一线通常由统计员、系统管理员兼任，受自身专业素能限制，更多是借助案卡填录的流程监控系统、统计系统等信息

---

① 参见宋能君：《检察业务管理实务》，中国检察出版社 2019 年版，第 44 页。

化手段查找办案是否超期、权利义务是否告知、案卡填录是否准确等浅表问题，却难以准确及时发现并纠正办案活动中存在的采取强制措施不当、文书引用法条错误、不起诉未移送相关主管机关作行政处罚、不起诉书未送达被害人等重大问题，既熟悉各类检察业务工作又熟悉业务系统操作规范的专业化人才较为欠缺。流程监控员不熟悉民事检察、行政检察、公益诉讼检察工作流程、办案标准的现象较为普遍，对这些案件类型的流程监控不知从何处入手，流程监控工作效果不佳。

三、 流程监控工作实务问题的应对策略

高质量的程序监管系新时代加强检察权运行制约监督、提升案件质量的重要一环，事关社会公平正义，事关司法公信力，事关国家治理体系和治理能力现代化。针对流程监控工作实务中存在的问题，需要加强统筹整合，从以下几个方面进行优化。

（一） 推进构建多层次多元化监控格局

伴随"四大检察""十大业务"的全面协调充分发展，仅依靠案件管理部门的个别人员负责，已无法适应全面深化改革背景下强化执法司法制约监督的新要求。有必要构建"大监控格局"，注重流程监控上下一体、横向联动，整合流程监控资源，形成流程监控工作合力，提升流程监控工作质效。不同层级案件管理部门作为一个整体，共同推进流程监控工作，同时又各有侧重。上级案件管理部门侧重宏观指导、业务咨询，针对不同类型案件制定完善流程监控指引，对辖区案件受理、办理活动广泛开展随机监控，围绕大局工作、专项工作等重点工作涉及的案件组织开展专项监控。下级案件管理部门侧重落实好程序监管相关要求，抓好流程监控具体执行。在单位内部，检察长和检察委员会统领、部署流程监控工作，

案件管理部门统筹、组织、协调开展流程监控工作，业务部门积极参与、支持配合流程监控工作，形成全院、全员、全过程监控格局，推动办案人员依法规范司法。

（二）促进流程监控与质量评查、业务分析融合发展

新时期，流程监控是做好质量评查和业务分析的基础，需准确把握流程监控与质量评查、业务分析的关系，充分发挥流程监控在案件管理高质量发展中的基础性作用，促进流程监控、质量评查和业务分析互联互通，实现程序监管、实体监管、数据监管有效融合。通过流程监控发现案件存在实体或重大程序问题，为下一步质量评查做好基础性工作，或者根据流程监控发现的倾向性、苗头性问题组织开展专项评查，引导各院提高流程监控实效。围绕流程监控中发现影响案件质量评价指标的案卡填录问题，组织开展业务数据专项清查，对流程监控中发现的问题进行梳理统计、分析研判，提前预见办案流程中可能出现的问题，及时提出合理化建议。

（三）强化流程监控工作的刚性约束

流程监控刚性需要通过自身规范权威、考核考评负面评价、跟踪督促整改落实、责任追究等多种途径进行强化。建立健全不同案件类型流程监控指引，将"四大检察""十大业务"全流程监控形成标准化、制度化的监控文本，推动流程监控工作规范开展，使案件管理工作人员监督有据。在工作有了依据的基础上，更重要的在于流程监控所发现问题的精准度，否则得不到业务部门认可，反而削弱监督刚性和权威。流程监控中发现的重大、疑难、复杂问题，需要充分发挥案管部门集体智慧，主动与业务部门交流，及时向上级院请示寻求指导，提升流程监控工作质效和权威。上级院将流程

监控发现的问题进行通报并纳入对下级院的业绩考核，对被通报的问题在所属业务条线的总分中扣减一定分值，引导业务部门重视程序规范。加强对检察官考评指标中涉及案件的办案程序、文书、节点等的监管，及时进行相关流程监控提示，帮助检察官预防不规范问题的发生，对发现的司法不规范问题及时纳入检察官司法档案管理，或者提供考评指标数据查询、核实等，确保检察官业绩考评落到实处，压实检察官规范办案主体责任。对于反馈的问题，加强与业务部门沟通、配合，认真听取业务部门意见、建议，积极帮助和支持落实程序监管职责，跟踪督促检察官将问题整改到位。

（四）提升流程监控人员的专业化能力

流程监控员不仅要懂业务，还要会管理，不仅要精通办案流程，还要熟悉检察业务应用系统操作。① 随着改革的深入，检察权运行方式发生重大变化，程序监管作为检察权监督管理的重要方面，对流程监控员的法律素养和业务能力提出了更高的要求，需持续加强专业化建设。大力开展流程监控业务培训，科学合理设置培训课程，创新培训方式方法，在常态化开展刑事检察办案程序、规范要求、监控重点培训的同时，加强对民事检察、行政检察、公益诉讼检察等所有业务条线办案活动程序规定、规范要求的培训，促使流程监控员全面熟悉各项检察业务。用好"检答网"平台，选优配强流程监控岗的网上答疑专家组成员，提高答疑质量，鼓励案管人员通过"检答网"开展自主学习和互助交流，提升素质能力。省级院加强流程监控专业团队建设，不定期组织专业团队成员开展流程监控理论与实务研究、参加教育培训等工作，切实发挥专业团队

---

① 参见李志强、秦晓燕：《案件流程监控机制问题研究》，载《检察调研与指导》2018年第1辑。

的示范引领作用。积极探索下级院流程监控员参加上级院实战的机制，上级院流程监控业务能力整体优于下级院，通过这种自上而下的方式，有效带动下级院提升业务能力。充分发挥典型案例指引作用，为相同或者类似问题在操作和应对上提供参考，以点带面推动高质量解决同类问题。

新形势下帮助信息网络犯罪活动罪的
主要特点、成因及优化治理建议

——以 A 省 T 市数据为样本

朱旭强　　龚　丹*

目　次

随着现代化科技的不断发展，互联网技术给大众生活带来便利的同时，各种传统犯罪日益向互联网迁移，信息网络犯罪渐趋高发，而形形色色的"帮助行为"则是信息网络犯罪泛滥的主要原因

---

　　* 朱旭强，安徽省天长市人民检察院第三检察部主任、检委会委员，一级检察官；龚丹，安徽省天长市人民检察院第三检察部副主任，四级检察官助理。

之一。为有效规制网络犯罪帮助行为，维护正常网络秩序，2015 年《刑法修正案（九）》增设了帮助信息网络犯罪活动罪（以下简称"帮信罪"）。2019 年最高法、最高检发布《关于办理非法利用信息网络、帮助信息网络犯罪活动等刑事案件适用法律若干问题的解释》。随着打击新型电信网络犯罪力度的不断加大、"断卡"行动的持续开展，A 省 T 市"帮信罪"案件呈现"井喷式"增长态势。本文以 A 省 T 市检察机关审查办理的此类犯罪情况为样本，分析"帮信罪"的特征及发案原因，并尝试提出对策建议，以期对更加有效地从源头上遏制网络犯罪行为有所裨益。

一、 近年来"帮信罪"案件总体情况

自《刑法修正案（九）》增设"帮信罪"至 2019 年底，A 省 T 市检察机关审查办理"帮信罪"案件数为 0。2020 年 10 月"断卡"行动以来至 2020 年 12 月，A 省 T 市检察机关受理一审公诉"帮信罪"案件 2 件 9 人。2021 年，受理一审公诉"帮信罪"案件 10 件 38 人，件数同比增加 4 倍，人数同比增加 3.2 倍。2022 年，受理一审公诉"帮信罪"案件 14 件 34 人，占当年提起公诉总数的 10.17%。从上述统计数据来看，在短短两年多内，"帮信罪"案件从"0"到多，呈现"井喷式"增长态势，其增长幅度位居刑事案件各罪名之首。

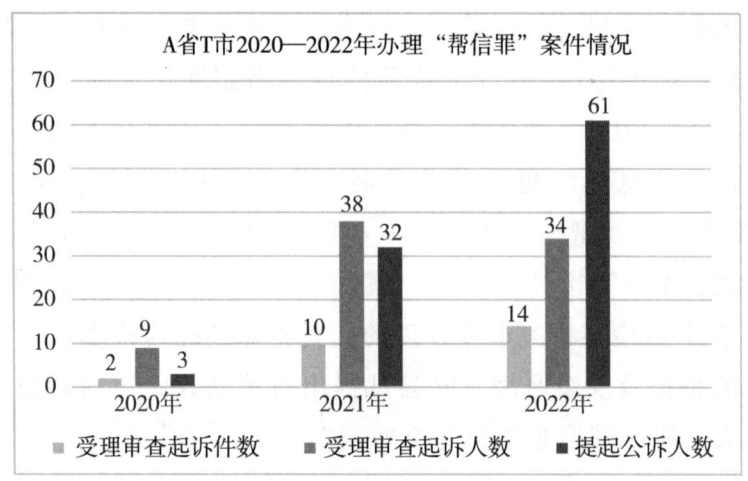

二、 "帮信罪"案件的主要特点

（一）行为人主体特征

一是犯罪嫌疑人涉案年龄呈中青年化，多在 20—40 岁。涉嫌"帮信罪"的 81 名犯罪嫌疑人中，16—20 岁 4 人，21—30 岁 30 人，31—40 岁 40 人，41—50 岁 5 人，50 岁以上 2 人。介于 20—40 岁年龄段的人数达到 70 人，占犯罪嫌疑人总数的 86.42%。

二是犯罪嫌疑人受教育程度普遍不高，文化水平偏低。在 81 名涉嫌"帮信罪"的犯罪嫌疑人中，小学文化 5 人，初中文化 31 人，高中文化 19 人，中专文化 9 人，专科文化 15 人，大学本科文化 2 人。整体而言，高中及以下文化程度的犯罪嫌疑人占比将近 68%。

三是犯罪嫌疑人普遍法律意识淡薄，侥幸心理较重。对 81 名"帮信罪"犯罪嫌疑人的主观认知进行深入剖析，发现其中大多数犯罪嫌疑人法律意识比较淡漠，对自己出售"两卡"帮助电信网络犯罪活动的社会危害性和刑事违法性缺乏明确认识，甚至意识不到自己将因此面临信用限制、账户严管、刑事处罚等严重后果，在面对蝇头小利诱惑时，总觉得自己只是提供了银行卡、电话卡或者支付宝等账号而已，没有多大事，且网上的事比较难查，从而自觉或不自觉地沦为电信网络犯罪的"帮凶"。

四是多数犯罪嫌疑人职业稳定性差，经济收入较低。从81名"帮信罪"犯罪嫌疑人的职业类型看，进城务工人员12人，无业人员53人，个体劳动者2人，非国有企事业单位3人，学生11人。这些人中无业人员、务工人员、学生占93.83%，他们大多数没有收入来源或者收入较低，经济上较为困难，导致其在面对利益诱惑时容易迷失自我，从而走上犯罪的道路。

（二）犯罪行为特征

一是总体上作案手法比较单一。通过对A省T市检察机关所办的"帮信罪"案件作案手段进行分析比对，可以发现大多数犯罪嫌疑人主要作案形式为贩卖个人银行卡、电话卡，将支付宝、微信账号甚至手机直接提供给实施网络诈骗等犯罪活动的上游犯罪组织使用，或直接通过自己的支付账号帮助上游犯罪组织流转诈骗资金，从中获取非法经济利益。通过其他手段，利用"高、精、尖、深"等疑难复杂信息网络技术为信息网络犯罪活动提供涉案资金转账支付结算等帮助行为的案件相对较少。

二是"帮信罪"大多数为团伙作案。"帮信罪"主要依托网络这一介质，而网络的互联性特征又让"帮信罪"具备明显的团伙化和跨地区特点，犯罪从早先的一个人"供卡"，向拉拢熟人、团伙化分工合作方式转变。在81名涉嫌"帮信罪"的犯罪嫌疑人中，有76人属于多人共同犯罪的情形，占受理人数的93.83%。

三是上游犯罪嫌疑分子难以抓捕归案。电信网络犯罪案件，一般都是被害人报案导致案发，受制于电信网络犯罪层级的复杂化、手段的隐蔽性，公安机关的侦查基本上也是把被害人作为侦破案件的突破口。处于电信网络犯罪架构底层，提供银行卡、支付宝账户为上游犯罪提供支付结算帮助的"帮信"者，由于其账户大多被用于接收被害人资金，往往能在第一时间被抓获。但上游犯罪的组织者和首要分子多数"隐身"潜逃至境外，涉案款项也大多流出国门，短时间难以抓捕归案，追赃挽损难度较大。

（三）刑事裁判量刑特征

一是认罪认罚适用率较高，上诉率低。在 96 名（含检察环节审结时改变公安机关掩饰、隐瞒犯罪所得、犯罪所得收益罪定性为"帮信罪"的 15 人）涉"帮信罪"人员中，适用认罪认罚从宽处理的 93 人，认罪认罚适用率达到 96.875%；一审判决后，绝大多数被告人均息诉服判，提出上诉的只有 3 人，上诉率仅为 3.125%。

二是犯罪嫌疑人有自首、坦白、退赃情节的多。在 96 名涉"帮信罪"人员中，经检察机关审查认定，具有自首或坦白情节的 95 人，主动退赃的 19 人。相较于其他类型的犯罪而言，"帮信"案件犯罪嫌疑人认罪、悔罪态度较好，多数具有法定、酌定从轻处罚情节。

三是总体上处刑较轻，缓刑适用率高。从 A 省 T 市法院对 81 名涉"帮信罪"人员的一审生效刑事判决结果来看，判处二年以上不满三年有期徒刑的 3 人，判刑一年以上不满二年有期徒刑的 30 人，判处六个月以上不满一年有期徒刑的 45 人，判处拘役的 3 人，适用缓刑的达到了 62 人。从上述数据来看，刑期不满 1 年的人数多达 48 人，占总人数的 59.26%，缓刑适用率也达到了 76.54%，"帮信罪"刑事处罚轻刑化、缓刑化趋势明显。

三、"帮信罪"犯罪原因分析

一是个人法律意识淡薄。在信息化、网络化急速发展的当下，个人信息安全问题日益凸显，但受多种因素限制，特别是社会阅历少、文化水平较低、无固定收入来源的学生、进城务工人员和无业人员等群体，在面对一些小额经济利益诱惑时，意识不到泄露个人信息的危害与后果，在犯罪分子的蛊惑下，抱着侥幸心理将电话卡、银行卡出售、租赁给他人，或将账户借给他人，自己从中获取"佣金""返利"，主观上认为自己没有直接参与到犯罪中去、不会被追究刑事责任，从而不知不觉触犯"帮信罪"。

二是信息网络犯罪预防治理不力。当前，网信、金融等部门对信息网络的监管机制还不够完善。网信部门的监管力度和技术能力还不能满足新时代推进信息网络领域治理的要求，一些夹杂虚假广告、不良信息和诈骗链接的 App 能够轻易通过网络进入群众使用的手机等设备；金融机构防范信息网络犯罪的意识不强，缺乏有效工作机制，对重点可疑账户、大额资金可疑流转结算等异常情况的实时监控技术缺位，没有与公安机关实现信息共享，导致对"帮信罪"的发现、预警能力不足。

三是侦查打击效果有待提高。一方面，由于网络的虚拟性，导致侦查取证较为困难。信息网络犯罪作为一种近年来多发的新型犯罪，跨地域、跨国性特征突出，关键证据主要从网络服务器中提取，而基层公安机关囿于经验、技术和能力，难以及时固定获取有效证据；另一方面，司法实践中公检法三家机关在"帮信罪"证据采信标准、案件定性等方面还存在一定的分歧，工作合力还需要进一步提升，且"帮信罪"法定刑较轻，在这些因素的综合影响下，造成对"帮信罪"的打击震慑不足。

四、"帮信罪"优化治理建议

微犯罪性和主体多元化的犯罪特点决定了在帮助信息网络犯罪活动罪的预防、控制和打击上需要动员社会多方面力量协同参与，深化联动打击，一体推进社会预防和管控。

一是深化法治教育，解决主观认识不足、法律意识淡漠问题。坚持预防为先，深入开展送法进社区等普法活动，在实现预防信息网络犯罪普法宣讲全覆盖的基础上，强化对学生、务工人员、无业人员等重点人群的法治宣传教育，强化以案说法，引导广大群众增强辨别能力、提高风险防范意识，防止个别群众为了蝇头小利出卖或者出借银行卡、电话卡及支付宝、微信等支付账户。加强检察履职能动意识，会同主管部门、行业协会，用好典型案例，加大对电信、金融、互联网等行业从业人员的法治教育，提升上述人员的职业素养和网络犯罪预防意识，以检察力量助推"帮信罪"治理。

二是树立系统观念，推动网信、金融等职能部门强化监管责任和能力。立足信息网络犯罪的固有特点，推动网信、金融等职能部门齐抓共管、形成合力。发挥检察建议促进社会综合治理的作用，督促网络运营商和相关网站管理者切实履行对网络交易内容的监管职责，严格审核责任，采取有效措施防范违法有害信息的传播。积极建议金融机构研发一批具有风险防控、提前预警功能的智能化辅助软件，实现与公安机关之间的信息共享，加大对重点人员、可疑账户、资金可疑流转结算的实时监控，做到早发现、早预警。

三是强化司法协作，全面加强对"帮信罪"等犯罪的打击整治。针对"帮信罪"等网络犯罪活动侦查难、取证难等问题，公检法三部门要进一步加强合作，充分利用提前介入、联席会议等机制，提升打击合力。公安机关要根据信息网络犯罪的特征，充分发挥网安、技侦、情报等技术警种的优势，突出科技制胜意识，提高案件侦破能力。检察机关应积极用好驻公安机关侦查监督与协作配合办公室，着力加强侦查引导，解决好案件定性、办案程序、鉴定等问题。审判机关要明确法律适用和证据标准，妥善处理好法条竞合等问题的认定标准，精准有效适用法律，切实加强罚金刑的适用和执行力度，以实现审理一案、警示一片的效果。

智慧案管

ZHIHUI ANGUAN

检察业务信息化发展路径研究

——以案卡信息智能回填检察文书为视角

王 丹[*]

目 次

---

* 王丹，上海市杨浦区人民检察院第六检察部见习主任，四级检察官。

（三）检察文书种类的不断丰富为"案卡回填文书"提供了明确的发展方向

（四）案卡信息体系的不断完善为"案卡回填文书"提供了坚实的优化基础

三、案卡信息智能回填检察文书的路径构建

（一）创新检察业务信息化理念，以数据思维引领检察办案方式的变革

（二）优化线上线下检察文书体系，从数据视角重新划分检察文书类型

（三）厘清案卡信息整体逻辑关系，从文书视角构建更科学的案卡体系

（四）配套完善保障性制度机制，促进案卡信息与检察文书深度融合

"十四五"规划纲要明确，要加快数字化发展，建设数字中国，以数字化转型整体驱动生产方式、生活方式和治理方式变革。从检察机关角度而言，检察业务信息化的主要载体——检察业务应用系统已从 1.0 版迭代升级为 2.0 版，尽管线上办案功能日趋丰富和完善，但从现状来看，该系统尚未深度融合案卡信息与检察文书，与检察机关数字化发展要求还有一定距离。2021 年 9 月全国检察机关第二次案件管理工作会议提出，要建立数据驱动模式，将现有分别填录文书和案卡的方式，改为只填录案卡，由案卡信息智能回填文书的方式。本文结合当前检察业务信息化的发展现状，聚焦研究案卡信息智能回填检察文书的必要性、可行性及实现路径，为检察业务信息化的创新发展提供思路。

一、 案卡信息智能回填检察文书的必要性

（一）不断适应检察机关数字化转型，是促进检察业务数据化的重要手段

习近平总书记指出，"大数据是信息化发展的新阶段""要运用大数据提升国家治理现代化水平"。因此，以数字赋能检察工作高质量发展，是检察业务从信息化走向数字化的必经之路。从检察业务应用系统的应用现状来看，线上案卡填录和文书制作相互独立，案卡信息主要由人工填录产生，容易出现案卡信息错填、漏填、利用率不高等问题。而在数据驱动模式下，数据生产过程将与检察办案行为真正融为一体，填录案卡这一行为将完全内化为检察文书制作的一个环节，实现从数据到文书的衔接转换。一方面，将改变以往"先做文书、后补案卡"的状态，实现检察文书的数据化改造；另一方面，也将极大地提升检察业务数据的准确性和及时性，为检察办案领域数据要素的高效流转奠定基础。

（二）不断优化线上检察文书体系，是促进文书制作应用标准化的有效途径

随着检察工作实践的探索创新，检察文书体系不断丰富，不仅有《人民检察院刑事诉讼法律文书格式样本（2020 版）》《人民检察院工作文书格式样本（2020 年版）》等成体系的文书集合，还有检察建议、申诉案件等分业务的文书集合。而经比对规范性文件所规定的文书数量和检察业务应用系统内配置的文书数量，可以发现系统内文书数量远多于文件规定的文书数量。有数据显示，截止到 2018 年 8 月，系统在用的 2000 余种检察法律文书中，有 800 余种

是在开发系统时新增的。① 文书种类的不断扩增，容易导致检察人员跟不上文书更新的速度，难以确定哪份文书是应做的、合适的且现行有效的文书。探索推行"案卡回填文书"模式，一方面，在案卡信息与文书类型、内容实现高度匹配的前提下，系统将帮助检察人员快速定位应做文书，文书制作将更加统一、标准；另一方面，在"数据多跑路，群众少跑腿"的信息化发展语境下，将部分填录式、程序性文书走向电子化、无纸化，文书种类将有所精简。

（三）不断提高检察机关办案效率，是促进检察办案集约高效的创新方式

当前，检察文书和案卡项目分别填写，二者在内容上既有交叉，又有区别；既存在重复填录的问题，又存在共同缺失的内容；既容易出现填录不一致的问题，又带来了大量重复的无效劳动。② 而在"案卡回填文书"模式下，文书制作将充分享受"数据+"带来的红利，检察办案效率将得到明显提升。一方面，案卡体系将重新排列组合，数据来源将大大拓展，并逐渐形成标准、规范、可循环使用的数据池，因此文书内容自动生成的比例将大幅提升，文书制作时间将明显缩短。另一方面，也可有效改善当前多人案件的相同文书需逐份人工制作的现状，检察人员只需确保原始案卡信息的准确性，无需过多担心后续文书的内容质量，仅需进行最终核查、微调，即可获得一份或若干份内容完整、准确的文书。

---

① 李世清、邹俊披：《检察文书制作应避免过度"形式化"》，载马宏俊主编：《法律文书革故与鼎新》，北京大学出版社2018年版，第258页。
② 侯建刚、罗伊淋：《信息化条件下检察法律文书发展趋势》，载《人民检察》2019年第23期。

二、 案卡信息智能回填检察文书的可行性

（一）数字化转型发展为检察业务信息化迭代升级创造了有利的外部环境

"十四五"规划纲要指出，打造数字经济新优势，加快推动数字产业化，推进产业数字化转型；提高数字政府建设水平，推动政务信息化共建共用，提高数字化政务服务效能。可以看到其他行业在电子化信息制作文书方面已有不少探索，2018 年全国首张区块链电子发票在深圳实现落地，实现"交易数据即发票"；[①] 2019 年交通运输部等十八部门联合发布关于推动邮政业高质量发展的实施意见，提出到 2022 年电子运单使用基本实现全覆盖。[②] 这些为检察机关探索"案卡回填文书"提供了有益经验，将有助于推动检察业务信息化迭代升级。

（二）检察机关的信息化发展为案卡信息多维运用创造了有利的内部条件

要实现案卡信息的深度运用，必须以全程网上办案为基础。从全国层面来看，2014 年全国检察业务应用系统上线运行，检察机关实现了从"纸上办案"到"网上办案"的变革，2021 年 2.0 版系统正式运行，在应用规模、技术架构、创新拓展等方面有了新的进步。从地方实践来看，江苏苏州探索通过互联网向当事人远程告知诉讼权利义务，上海通过短信方式向律师自动推送案件诉讼进程，均借助信息化手段实现对案卡信息的深度运用，解决文书寄送的滞

---

① 李荣辉：《区块链电子发票的实践之路》，载《中国税务》2019 年第 6 期。
② 王朔、李冉：《高质量发展进行时》，载《中国邮政报》2019 年 10 月 22 日第 4 版。

后、低效等问题。

（三）检察文书种类的不断丰富为"案卡回填文书"提供了明确的发展方向

除了《人民检察院刑事诉讼法律文书格式样本（2020 版）》和涵盖"四大检察"的《人民检察院工作文书格式样本（2020 年版）》，民事、行政、公益诉讼相关的配套法律文书也在逐步出台，"四大检察"法律文书体系将初步形成。从文书制作标准来看，文书结构体例的规范化要求也更加精细，如适应"捕诉一体"办案机制改革的捕诉一体案件审查报告，其文书模板中明确了文书要素、体例、编排顺序等规范化要求，为案卡体系的完善方向提供了重要参考。

（四）案卡信息体系的不断完善为"案卡回填文书"提供了坚实的优化基础

从近几年的发展来看，案卡项目数量不断增加，案件信息的细粒度也在不断提升，如一审公诉案件的案卡已从 1.0 版的 300 余项增加到 2.0 版的 400 项左右。为实现对案卡信息的高效利用，江苏省泰州市人民检察院研发了"一键通"平台，实现由一个"热键"唤醒程序自动模拟人工开具 28 种程序性法律文书，从文书制作到文书用印打印，全程无需人工干预;① 上海市检察机关探索应用"超级案卡"项目，通过对案卡的分类及与文书内容的比对，也实现了"只填一次、自动制作文书"的效果。

---

① 郎建强：《泰州检察"大统一"程序性法律文书"自动开"》，载《江苏法制报》2019 年 4 月 9 日。

三、 案卡信息智能回填检察文书的路径构建

（一）创新检察业务信息化理念，以数据思维引领检察办案方式的变革

2021 年 9 月，全国检察机关第二次案件管理工作会议提出，检察机关业务信息化建设经历了从流程驱动向文书驱动的转变，下一步要转向数据驱动，实现检察业务数据的统一整合。数据驱动模式下，首先要具备的是"数据思维"，一方面是要敢于革新，大胆探索用数据替代文书的办案新方式；另一方面是要敢于创新，将检察文书内容解构成可利用的结构化数据，实现案卡信息与检察文书的双向链接。

（二）优化线上线下检察文书体系，从数据视角重新划分检察文书类型

一是区分文书可否电子化、无纸化，实现检察文书体系的精简瘦身。简化、取消文书并非仅是对数量的精简，在信息化发展的语境下，是以电子化、自动化方式替代纸质文书。比如，以远程电子告知代替书面告知，实现对书面文书的精简以及告知行为的数字化留痕，从实质来讲这已走向了另一条更为精细化、规范化的道路。二是区分可否自动化、程式化，实现程序性文书的一键制作。结合办案场景并依托前序的全量案卡信息，可以实现程序性文书的快速批量生成，有效改变当前系统批量生成文书模板后仍需人工逐份补充内容的现状。三是区分可否表格化、要素化，实现叙述式文书的智能生成。适应当前案件的繁简分流趋势，对叙述式文书进行要素式解构，实现大部分文书要素的自动生成，辅助检察官快速制作起诉书、审查报告等。比如，广东法院智审系统通过自动提取案件要

素，将经过提取加工的案件信息回填进诉讼文书，实现了诉讼文书中 80% 的内容自动生成。①

（三）厘清案卡信息整体逻辑关系，从文书视角构建更科学的案卡体系

以审查起诉案件为例，一件 1 人案件需制作文书 12 份，其中填录式文书 9 份，叙述式文书 3 份。以量刑建议书（填录式文书）为例，案卡信息和文书内容重合的有 8 项，案卡信息尚未覆盖文书内容的有 1 项（法条引用）；以起诉书（叙述式文书）为例，案卡信息和文书内容重合的有 33 项，案卡信息尚未覆盖文书内容的有 8 项，具体是前科具体情况、行政处罚具体情况、告知被告人权利义务时间、告知被害人权利义务时间、是否同意适用简易程序、到案情况、证据情况、法条引用，而这些内容也是起诉书的重要组成部分。

因此，要重点关注案卡信息与文书内容未重合的项目，通过重构案卡体系，实现从案卡到文书的百分百应用。一是要对现有案卡体系进行优化完善。梳理当前案卡中需二次填录的信息，如案件信息和犯罪嫌疑人信息中均存在的审结罪名、判决信息等，改变案卡的填录顺序、方式，避免案卡数据的重复填录。二是要拓展案卡信息以覆盖检察文书内容。为各种检察文书打上最小细粒度的标签，整合文书信息和案卡信息，建立数据量最大化的案卡信息库，实现数据的一次生成、多次应用。三是充分挖掘多头数据的融合。从起诉书内容和案卡数据的比对情况来看，当前案卡信息中未覆盖到的文书内容，如果仅通过设置更多案卡项的方式实现"从案卡到文

---

① 王禄生：《智慧法院建设的中国经验及其路径优化——基于大数据与人工智能的应用展开》，载《内蒙古社会科学》2021 年第 1 期。

书"的应用，尚不能有效减少文书制作工作量，只有通过更大范围的外部数据共享、更大范围的线下行为线上化，以及更加智能的办案辅助工具，才能最大化获取能够形成案卡信息的数据，真正为文书制作行为减负。

（四）配套完善保障性制度机制，促进案卡信息与检察文书深度融合

一是注重与检察文书归档机制的衔接。新修订的《档案法》增加了"档案信息化建设"专章，对电子档案作出明确规定；最高检印发的《人民检察院档案工作规定》也明确了电子档案的保管、使用、管理等要求。从长久来看，在实现"案卡回填文书"之后，要考虑部分检察文书去实体化之后，无书面载体的法律事务如何进行归档，相关机制应及时配套完善。二是要注重同步建立规范性机制。2021年最高法印发《人民法院在线诉讼规则》，推动大数据、区块链、人工智能在审判执行领域的深度运用，实现审判模式转型升级。一般来讲，大的变革都离不开顶层设计的支持，"案卡回填文书"是解放生产力、提升办案效能的创新路径，其长远发展必然离不开配套的规范制度。

大数据视角下检察业务应用系统问题完善

——基于检察业务应用系统2.0上线的实践运用

魏　洋　陶羡华　陈　凌[*]

目　次

---

　　* 魏洋，江苏省连云港市人民检察院案件管理部副主任；陶羡华，江苏省连云港市海州区人民检察院党组成员、副检察长；陈凌，江苏省连云港市海州区人民检察院第六检察部副主任。

大数据不仅是一场技术革命、一场经济变革,也是一场国家治理的变革。牛津大学教授维克托·迈尔·舍恩伯格在其著作《大数据时代》中说:"大数据是人们获得新的认知、创造新的价值的源泉,还是改变市场、组织机构,以及政府与公民关系的方法。"2013年7月,习近平总书记视察中国科学院时指出:"大数据是工业社会的'自由'资源,谁掌握了数据,谁就掌握了主动权。"随着检察改革的发展和信息化的要求,检察业务应用系统从最初的1.0版历经多次升级发展到目前的2.0版,检察业务应用系统2.0上线后,操作过程中的数据运用出现诸多问题,检察业务应用系统亟须完善,推动依托检察业务应用系统的大数据得到充分运用。

一、 检察业务应用系统的发展

2013年10月31日,最高人民检察院召开会议在全国检察机关全面推行统一业务应用系统,着力搭建一个四级检察机关纵向贯通、横向集成、资源共享的执法平台,以推动检察机关执法规范化、管理科学化,这是检察业务应用系统1.0。从2013年开始,全国检察机关业务应用系统1.0经多次升级,目前还在持续更新完善中,其间增加了人民检察院案件信息公开网、电子卷宗系统以及统计子系统、侦查监督平台等,系统实现了办案、管理和统计"三位一体"。检察机关办理的所有案件都应当在统一业务应用系统内受理、分流、移送和报批。从这个意义上讲,就案件信息数据而言,检察业务应用系统符合大数据的要素。

随着反贪部门转隶,"四大检察""十大业务"的检察司法模式确定,对检察信息化工作提出了新的要求。检察业务应用系统1.5(以下简称系统1.5)适应司法体制改革,涵盖了侦监、公诉、民行、申诉等全部检察。但在运行速度、共享协同、易用性、智能化等方面仍存在不足,而且问题日趋严重。伴随着司法责任制综合配套改革的不断深入，对检察办案、检察业务管理、司法责任的精准落地都提出了更高要求，与之相应的对检察业务信息化工作也提出了更高要求。作为全国四级检察机关同时在线应用的检察业务应用系统，也必然要适应改革带来的变化，成为助力检察机关运行机制的好帮手。在此需求下，检察业务应用系统 2.0（以下简称系统 2.0）应运而生。

二、 检察业务应用系统的大数据应用困境

为更好服务办案，适应新时代检察工作新要求，最高检部署工作网，升级系统 2.0，该版本是按照科学化、智能化、人性化原则，运用现代信息技术新成果、以人为中心、面向办案的场景化开放办案平台。目前随着系统 2.0 全面上线，系统 1.5 和系统 2.0 并行使用，在这个背景下，检察业务应用系统在使用过程中呈现出很多困境。

（一） 精准抓取所需个案信息的功能有待升级

近年来，不管是分析报告的撰写，还是上级院对相关情况的调研，都需要准确抓取个案的一些特定信息。如新冠疫情发生后，基于指导全国检察机关办案的需要，从大数据视角下去审视、抓取典型案例。但检察业务应用系统存在着案件统计项目不全面、不及时和统计滞后等缺陷，案件数据挖掘利用不够深入，最后只能通过在案件名称前手工加"涉疫"才能统计出来。为了快速精准找出符合要求的案例，必然需要有关部门能够及时准确统计汇总，才能全面分析发案情况、研究梳理并挑选出代表性强的案件作为典型案例。面对这种要求，案件管理工作依托的检察业务应用系统暴露出了不能够精准地抓取所需个案、案件信息数据项目不能完全满足案例指导需要、案件分析能力相对薄弱等短板和不足。甚至一些典型案

例、办案数据的收集，还依赖最高人民检察院相关业务部门通过发通知、下级检察机关上报数据等传统工作方式进行。当前，社会形势和刑事司法政策是不断发展变化的，不同时期有不同的中心工作和政策要求。为全面体现检察工作服务中心工作和落实政策要求的质效，需要检察业务应用系统不断升级以增加数据项，但增加数据项也需要人工进行手工填录，同时，系统升级需要一定的时间和过程，在系统未升级之前，就会出现数据项目不能完全满足精准抓取个案需求的矛盾。

（二）数据覆盖的全面性和准确性有待提升

目前，系统 2.0 暂未部署统计子系统，系统 1.5 和系统 2.0 为了形成全量数据，只能通过数据中台，将系统 2.0 的案件信息抽取到系统 1.5，将系统 2.0 的案件案卡及文书数据通过跨网交换至系统 1.5 的统计系统中。据悉，最高检和省院开始在系统 2.0 部署统计子系统，但系统 2.0 的统计子系统仍是部分数据，而不是全面的数据。在这种两个系统数据共存的情况下，因传递程序易导致数据生成滞后，从而影响整体数据应用效率，因传递数据的不完整，很多系统 2.0 内的案件仅传递了案卡信息，而相关文书、电子卷宗等数据并未完全传递，导致数据质量不能得到保证，导致在应用数据时有欠缺，难以发挥检察业务应用系统应有的功能。同时，这种情况下，给实际操作也带来很多麻烦，增加工作量。一是增加案管部门数据管理员的工作量，每日要对系统 2.0 数据是否正确导入系统 1.5 的统计子系统进行核查，核查是否均导入系统 1.5 的统计子系统。二是增加前台接待使用中的工作量。从两个系统前端查询案件来看，案件均只能查询在本系统内办理的案件。如律师来电话查询某案件是否在检察环节，查询人员要在两个系统内分别查询才能给予回复。又如检察机关配合纪检监察、政府等部门查询上千人次的是否有犯罪记录的查询工作，均要辗转两个系统进行查询，工作量翻倍。三是增加全程监管的工作量。检察业务应用系统的统计子系统是集合管理和统计为一体的系统，但目前如案件为系统 2.0 案件，案件的文书等情况无法直接查询，如若查询，只能再到系统 2.0 进行查询。

（三）系统 1.5 和系统 2.0 的数据兼容性有待提升

1. 两个系统相互不兼容。不管对于案件管理还是案件办理部门，对于案件的汇总、对于相关案件的分析，都要同时对两个系统案件情况进行汇总后分析，工作中都要不同程度地对两个系统案件进行合并、统筹。但两个系统相互不兼容，并非靠鼠标直接复制粘贴即可，只能依靠光盘手动进行交互。

2. 两个系统密级不同、案件不同，案件录入何版系统办理各地理解不一。目前江苏省检察机关通过系统 2.0 试点期间下发的通知，对案件区分后录入检察办案系统，但对于案件的具体细分，实践中各地理解不一，偶尔会出现案件录入系统 2.0，但经查认为录入错误，临时转系统的情况。转系统，不是简单的转入，而是对系统 2.0 案件进行删除，同时再将案件录入至系统 1.5，程序较为烦琐，如出现跨月删除案件的情形，还需层报至最高检。

3. 检察业务应用系统分散，不利于减轻检察机关办案人员的工作量。检察业务系统除了系统 1.5 和系统 2.0 外，还存在智能辅助办案系统、控告申诉的接访系统、刑事执行的小智系统、案件管理的质量评查系统，检察人员在不同系统内进行切换，与检察业务应用系统统一一条线管理的初衷相违背。

（四）检察业务系统与其他系统的协同共享有待提升

检察机关的业务目前是"四大检察""十大业务"，向外连接的系统目前最为常见的是政法协同平台，向前延伸至公安机关，向后延伸到法院、司法局，突出检察机关的监督属性，在刑事业务领域处于核心地位。目前，以江苏省检察机关的政法平台为例，在数据共享交换的基础上，实现了公检法司的业务协同，但数据共享有待进一步提升。在程序设计上，共享的数据仅仅是进入检察环节的刑事案件，对于公安机关未移送检察机关的案件数据无法共享和监督；在使用层面上，经过政法机关的协调，政法协同平台案件流转基本上能达到100%，但由于各家系统不同，数据要通过过滤流转程序，增加了人工服务，如案件进一步处理的文书，立案决定书、判决书共享会因操作层面的不实时共享而拖延。整体来说，公检法司之间的数据壁垒尚未彻底打通。同时，检察机关对于其他行政执法机关的数据衔接一般也不顺畅，导致检察机关在行政检察工作上存在短板。在大数据时代，没有信息就没有案源，没有信息共享，无法做实行政检察和做好公益诉讼工作，如何对接做好行刑衔接信息平台至关重要，可以切实解决司法实践中的难题。

三、 检察业务应用系统改进的意见和建议

在大数据视野下，检察业务应用系统的优化，要以"智能化"为引领，实现"全数据"采集，达到实时性。与此同时，与外部数据实现共享，从而深入推进检察业务应用系统的深度应用，提升新时代检察工作现代化水平。

（一）发挥案管部门中枢作用，推进系统统筹建设

案管部门要发挥中枢作用，积极收集信息推进检察业务应用系统统筹建设。一方面是要建立沟通协调机制，注重收集系统使用中发现的问题。在工作中，案管部门要发挥中枢作用，积极收集检察业务应用系统使用过程中的问题，发现问题及时汇总上报，以提升

检察业务应用系统的稳定性、智能化；另一方面是要与时俱进，对于系统不适应"智能化"和"大数据"功能要求的方面，要提出检察业务需求，使系统运行更规范，实现检察业务应用系统功能、效能的最大化。例如，为适应形势政策不断发展变化和业务数据指标需求不断增多的现实要求，可在系统中设置"关键词"数据项，"关键词"可自动通过扫描系统内已有特定文书进行特定案件的筛选，力求迅速找出特定案件。

（二）加强案件全景功能设计，提升系统运用便利

检察业务应用系统需提升对"个案"和"全景"的链接，建立检察机关内部的案件全景图。以案件或者以犯罪嫌疑人为中心，分别能对应案件或者犯罪嫌疑人的所有案件环节，便于全面了解案件，同时打破部门信息壁垒。如刑事执行检察需要对被监管人进行实时监管，需要对被监管人的信息进行全面了解，便可通过此功能一键对案件或者犯罪嫌疑人进行全景了解。通过全景了解，能够极大提升检察机关内部工作效率，也能够方便上级院对下案件的指导。

（三）完善检察业务数据统计，提升数据应用效能

将系统 1.5 和系统 2.0 的数据全部署在一个网内，完成所有案件数据的采集、审核、报表生成及汇总。不管将全数据部署在检察专网还是部署在工作网，均要有检察业务全数据的汇总信息，而不是检察业务的部分数据，一方面提升平时检察人员的工作效率，另一方面也提升检察业务数据应用的效能。在全数据应用的基础上，可以通过对特定数据进行定性、定量、高效、精准的分析，提升数据应用的能力，推进检察系统智能化建设。如以优化检察业务应用系统为抓手，围绕"十大业务"，组织研发符合检察办案规律和实

际需求的数据挖掘等功能，使系统可以从大量繁杂的案件数据中，提取出有价值的相关性信息。同时，探索利用检察全数据，推进数据智能化，为司法办案提供有效辅助，为检察官减负的同时提供更加优质的检察产品。

（四）探索数据互通共享平台，深化系统衔接作用

检察业务应用系统的案件信息数据库虽有检察机关几乎所有的办案数据，但与实践需求相比，仍有一定的局限性，在开展数据挖掘、分析时仍不可避免地需要其他政法机关以及政府部门的相关信息数据作为补充。如公检法数据的比对分析，就需要政法协同系统的高质量运行，这就需要协调各有关单位均重视系统的运用，在前期政法协同平台基础上，扩大共享范围，相互监督、相互配合。因此在实践中，需要探索开放数据、建立标准等方式，推进各部门之间信息的互联互通，为办案人员提供更多服务，搭建起切实可行的政法业务协同系统，从而进一步提升案件信息治理的整体合力，助推检察机关社会治理体系和治理能力的现代化。

聚焦数据

JUJIAO SHUJU

2022 年全国检察机关主要办案数据

2022 年，全国检察机关以学习贯彻党的二十大精神为统领，以习近平新时代中国特色社会主义思想为指导，深入贯彻习近平法治思想，以高度的政治自觉、法治自觉、检察自觉，依法能动履行刑事、民事、行政、公益诉讼"四大检察"职能，助力更高水平法治中国建设。

一、 关于刑事检察工作情况

1. 审查逮捕、审查起诉情况。2022 年，全国检察机关共批准和决定逮捕各类犯罪嫌疑人 49.4 万人；不捕 36.6 万人，不捕率 43.4%。共决定起诉 143.9 万人，不起诉 51.3 万人，不起诉率 26.3%。

2. 认罪认罚从宽制度适用情况。已办理的审查起诉案件中，适用认罪认罚从宽制度审结人数占同期审结人数的 90% 以上；检察机关提出确定刑量刑建议占量刑建议提出数的 90% 以上；对检察机关提出的量刑建议，法院采纳人数占同期提出量刑建议数的 95% 以上。

3. 刑事诉讼监督办案情况。

（1）立案监督。2022 年，全国检察机关对公安机关开展立案（撤案）监督 8.5 万件；监督后公安机关已立案（撤案）8.3 万件，占监督数的 97.3% 。

（2）纠正侦查活动违法。2022 年，全国检察机关针对侦查活动违法行为，提出纠正 20.1 万件次，监督采纳率 99.8% 。

（3）刑事抗诉。2022 年，全国检察机关共提出抗诉 6800 余件，法院采纳抗诉意见改判和发回重审 3900 余件，占审结总数的 68.5% 。

（4）纠正刑事审判活动违法。2022 年，全国检察机关针对刑事审判活动中违法行为，提出纠正 2.6 万件次，同期审判机关采纳率 99.5% 。

4. 刑事执行检察情况。2022 年，全国检察机关对"减刑、假释、暂予监外执行"不当提出纠正 5.8 万人；对刑事执行活动违法行为提出纠正 6.8 万件；对监外执行活动违法行为提出纠正 10.2 万人；对财产性判项执行履职不当提出纠正 5.8 万件。

5. 办理司法人员职务犯罪案件情况。2022 年，全国检察机关共立案侦查司法工作人员相关职务犯罪案件 1400 余人。

二、 关于民事检察工作情况

1. 对民事生效判决、裁定、调解书监督情况。2022 年，全国检察机关共办结民事生效裁判监督案件 7.3 万件，提出监督意见 1.4 万件，其中提出抗诉 4500 余件，提出再审检察建议 9500 余件。

抗诉改变率 91.7%，再审检察建议采纳率 95.1%。

2. 对民事审判活动监督情况。2022 年，全国检察机关共对民事审判活动违法行为提出检察建议 6.2 万件，法院同期采纳率 99.8%。

3. 对民事执行活动监督情况。2022 年，全国检察机关共对民事执行活动违法行为提出检察建议 7.1 万件，法院同期采纳率 99.9%。

4. 对民事虚假诉讼监督情况。2022 年，全国检察机关提出的民事诉讼监督意见中涉及虚假诉讼 9700 余件。

5. 民事支持起诉情况。2022 年，全国检察机关共办理支持起诉案件 8.9 万件，其中支持农民工起诉 4.2 万件。

三、 关于行政检察工作情况

1. 对行政生效判决、裁定、调解书的监督情况。2022 年，全国检察机关共办结行政生效裁判监督案件 1.9 万件，其中向法院提出抗诉 170 余件；法院再审改变 100 余件，占审结数的 79.2%。提出再审检察建议 460 余件，法院同期裁定再审 341 件，采纳率 73.3%。

2. 对行政审判活动监督情况。2022 年，全国检察机关对行政审判活动违法行为提出检察建议 1.4 万件，法院同期采纳率 99.98%。

3. 对行政执行活动监督情况。2022 年，全国检察机关对行政执行活动违法行为提出检察建议 3.6 万件，法院同期采纳率 99.9%。

4. 行政争议实质性化解情况。2022 年，共开展行政争议实质性化解 1.7 万件。

四、 关于公益诉讼检察工作情况

1. 立案情况。2022 年，全国检察机关共立案办理公益诉讼案件 19.5 万件。其中民事公益诉讼类立案 2.9 万件，行政公益诉讼类立案 16.6 万件。

2. 诉前程序情况。2022 年，全国检察机关共以诉前程序办理公益诉讼案件 15.2 万件。

3. 提起诉讼和判决情况。2022 年，全国检察机关共提起公益诉讼 1.3 万件。同期，法院一审裁判支持率 99.97%。

4. 办案效果。2022 年，全国检察机关通过公益诉讼督促保护、收回国家所有财产和权益 28.6 亿元；挽回、督促修复、清理林地、耕地、湿地、草原 41.3 万亩；督促查处、回收假冒伪劣食品、假药、走私药品 900 余吨；督促清理固体废物、生活垃圾 498.3 万吨。

五、 关于未成年人检察工作情况

1. 审查逮捕情况。2022 年，全国检察机关共批准逮捕未成年犯罪嫌疑人 1.5 万人，不捕 3.4 万人，不捕率为 68.5%，高于总体刑事犯罪 25.1 个百分点。同期，对侵害未成年人犯罪批准逮捕 3.9 万人。

2. 审查起诉情况。2022 年，全国检察机关共对未成年犯罪嫌疑人决定起诉 2.8 万人，不起诉 4.1 万人，不起诉率 59.9%，高于总体刑事犯罪 33.6 个百分点。审结时，作出附条件不起诉决定 2.6 万人，占审结数的 36.1%。同期，对侵害未成年人犯罪决定起诉 5.8 万人。

3. 有关特殊制度适用情况。2022 年，全国检察机关通过帮教回访、心理疏导、家庭教育指导等形式对不批捕、不起诉、被判处刑罚、未达刑事责任年龄不受刑事处罚等人员开展特殊预防 1 万余次；开展法治巡讲 2.7 万次、法治讲座 65.6 万次。

六、 关于知识产权检察工作情况

1. 刑事检察情况。2022 年，全国检察机关共起诉侵犯知识产权犯罪嫌疑人 1.3 万人。起诉案件所涉罪名，主要是假冒注册商标罪和销售假冒注册商标的商品罪，分别为 4800 余人和 4600 余人。

2. 民事、行政检察情况。2022 年，全国检察机关共受理涉知识产权民事监督案件 730 余件，受理涉知识产权行政监督案件 200 余件。

七、 关于控告申诉检察工作情况

1. 信访工作情况。2022 年，全国检察机关共接收群众信访 77.7 万件；重复信访 23 万件。受理刑事赔偿申请 900 余件，决定给予刑事赔偿案件 700 余件。

2. 司法救助工作情况。2022 年，全国检察机关共发放司法救助 8.2 万人，发放救助金 8.4 亿元。

八、 其他工作情况

1. 入额院领导办案情况。2022 年，全国检察机关入额院领导共办理案件 70.4 万件。其中各级院检察长办理 7.4 万件，占 10.6%；副检察长、检委会专职委员及其他入额院领导办理 63 万件，占 89.4%。

入额院领导办理案件中，刑事检察类案件（含刑事执行检察、未成年人检察、控告申诉检察）47.7 万件，占 67.7%；民事、行政检察类 8.7 万件，占 12.3%；公益诉讼检察类 13.6 万件，占 19.3%；案件管理类 5400 余件。

2. 检察长列席人民法院审判委员会会议情况。2022 年，全国检察机关各级检察院检察长、受检察长委托的副检察长，共列席人民法院审判委员会会议 1.7 万人次。

最高检案管办负责人就2022年
全国检察机关主要办案数据答记者问

2023年3月7日，最高人民检察院发布了2022年全国检察机关主要办案数据。2022年，全国检察机关深入落实《中共中央关于加强新时代检察机关法律监督工作的意见》，部署推进检察工作"质量建设年"，在此背景下，办案数据有哪些新特点？最高人民检察院案件管理办公室负责人回答了记者提问。

记者：党的二十大报告首次对"坚持全面依法治国，推进法治中国建设"作出专章部署，专门强调"加强检察机关法律监督工作"，2022年全国检察机关在提升法律监督质效、更好维护司法公正方面取得了哪些新成效？

案管办负责人：2022年，全国检察机关坚持以习近平新时代中国特色社会主义思想为指导，深入贯彻习近平法治思想，全面贯彻党的二十大精神，依法能动履行刑事、民事、行政、公益诉讼"四大检察"职能，着力提升法律监督质量和效果，助力更高水平法治中国建设。总体而言，主要有以下新变化：

一是能动履职办案数量明显提升。检察机关深化创新能动履职，坚持在监督中办案，在办案中监督，法律监督力度不断加大，共办理各类案件350.6万件。深化刑事诉讼监督，监督立（撤）案8.3万件，同比上升52.9%；针对侦查活动违法、审判活动违法提出监督意见20.1万件、2.6万件，同比分别上升1.7倍、89.2%。

加大依职权监督力度，办理的民事、行政监督案件中，依职权受理占比分别为 67.3%、72.8%，同比分别增加 9.7 个、1.8 个百分点。积极稳妥办理公益诉讼案件，守护公共利益，立案办理公益诉讼案件 19.5 万件，同比上升 15%。

二是办案效率全面改善。"四大检察"办案效率持续向好。刑事一审公诉案件审结率 87.3%，退回补充侦查、延长审查起诉期限数量同比分别下降 27.1%、50.9%，刑事检察程序空转问题得到有效解决。办结民事生效裁判、调解书监督案件 7.3 万件，审结率达到 100%，较 2018 年增加 12.8 个百分点。办结行政生效裁判案件 1.9 万件，审结率 99.2%；其中中止审查 200 余件，同比下降 89.5%，中止审查适用更加规范。

三是办案质量持续优化。检察机关聚焦"高质量发展"主题，以强作风、重落实、提效能为导向，推动法律监督水平整体提升。刑事案件捕后不诉和无罪判决率 1.1%，同比减少 0.5 个百分点；起诉案件有罪判决率 99.98%，同比增加 0.01 个百分点；民事抗诉改变率 91.7%，再审检察建议采纳率 95.1%；行政裁判案件监督意见采纳率 88.3%，民事、行政审判、执行活动监督意见采纳率均接近 100%；行政公益诉讼诉前整改率 99.8%，同比增加 0.3 个百分点。

四是办案机制更加完善。检察机关将法律监督融入国家法治体系建设"大系统"、法治监督体系"子系统"，履职尽责，助力执法司法协同高效。深化落实最高检、公安部联合出台的工作意见，从战略高度共同健全监督制约、协作配合、信息共享等机制，推进侦查监督与协作配合办公室全覆盖和实质化运行。提前介入案件 21.3 万件，同比上升 26.6%；捕后提出继续侦查意见 37.4 万人，占逮捕人数的 78.4%，同比增加 5 个百分点。构建检察一体化工作机制，通过融合监督发现监督线索。如浙江检察机关在办理涉知识产权诈骗案件过程中，发现虚假诉讼线索，在刑事追诉的同时启动民事诉讼监督程序，针对著作权民事侵权虚假诉讼案件向法院发出60余份监督意见。实施数字检察战略，拓展检察监督新路径。研发应用大数据法律监督模型，促进解决法治领域深层次问题，北京、浙江检察机关运用大数据法律监督模型办理非标油销售全链条治理行政公益诉讼案，共追缴税款3.6亿元。

五是办案"三个效果"有机统一。检察机关以政治智慧指导下的法治智慧、检察智慧能动履职，实现政治效果、社会效果、法律效果的有机统一。更实推动"治罪"与"治理"并重，2022年不捕率43.4%、不诉率26.3%，创历史新高；诉前羁押率26.7%，同比减少16个百分点，为司法统计以来最低，惩治犯罪与保障人权并重，刑事司法价值更加多元化。积极适用认罪认罚从宽制度，以准确规范、"应用尽用"为原则，认罪认罚适用率超过90%，确定刑量刑建议提出率、采纳率均达到90%以上。适用认罪认罚案件的上诉率持续下降，服判息诉效果进一步提升，司法成本进一步降低。抓前端、治未病，检察建议促进源头防治，主动将司法办案融入国家治理大局，在检察办案过程中制发社会治理类检察建议4.7万件，同比上升72%。践行"穿透式"监督理念，发挥行政检察监督"一手托两家"职能，对履行职责中发现的行政机关违法行使职权或不行使职权行为提出检察建议8800余件，有力促进依法行政，实现案结事了政和。

记者：近年来，刑事犯罪结构发生变化，严重犯罪下降、轻微犯罪上升，检察机关是如何贯彻落实宽严相济刑事司法政策的？

案管办负责人：近20年来，故意杀人罪、抢劫罪、绑架罪等严重暴力犯罪持续下降，2022年起诉人数较2003年下降67.7%；危险驾驶罪自2019年以来始终处于发案量首位，判处三年有期徒刑以下刑罚人数占比达到80%以上。面对犯罪形势变化，检察机关贯彻宽严相济刑事政策，坚持惩治犯罪与保障人权相统一，运用法治力量维护社会稳定、促进社会治理。

一是当严则严，维护国家安全和社会稳定。坚定不移贯彻总体国家安全观，始终坚持"稳字当头"，坚决严惩严重影响人民群众安全感的犯罪。2022 年，危害国家安全犯罪、故意杀人罪、组织、领导参加黑社会性质组织罪三类犯罪不捕率为 7.4%，较整体刑事犯罪 43.4% 的平均值低 36 个百分点。从严保护特殊群体，起诉侵害未成年人犯罪 5.8 万人；起诉涉养老诈骗案件 8516 人，守护老年人"钱袋子"。

二是该宽则宽，充分释放司法善意。减少对立、促进和谐。2022 年，全国检察机关不捕率、不诉率较 2018 年分别增加 21.3 个、18.6 个百分点；开展羁押必要性审查 25.4 万人（次），同比上升 43.7%，诉前羁押率 26.7%，同比减少 16 个百分点，达近年来最低。统筹规范适用认罪认罚从宽制度，适用率超过 90%，最大限度减少社会对立面，促进社会内生稳定。

三是形成共识，合力推动司法政策落实。公安机关提请审查逮捕 83.7 万人，同比下降 32.5%。强化释法说理，在不捕率、不诉率大幅上升的情况下，公安机关对不捕不诉提出复议复核 4200 余人，同比下降 41.2%。认罪认罚案件量刑建议采纳率 98.3%，被告人一审服判率 97%。

四是强化监管，规范非刑罚处罚措施运用。利用电子手环、大数据等科技手段加强对非羁押人员的监管，非羁押不在案人数占起诉人数的比例不足 0.1%，不关起来也能管得住。做实做细不起诉"后半篇"文章，推进行政处罚和刑事处罚紧密衔接，规范完善其他非刑罚处罚措施运用。如湖北省襄阳检察机关探索开展相对不起诉社会志愿服务工作，柔性惩戒强化教育、预防作用。

记者：党的二十大报告专门强调"完善公益诉讼制度"，检察机关在大力推进公益诉讼检察工作高质量发展方面做了哪些努力？取得了什么成效？

案管办负责人：检察机关秉持"双赢多赢共赢"理念，依法能动履职，公益诉讼办案质效不断提升。近年来，公益诉讼已经成为独具特色的公益司法保护"中国方案"。

一是办案规模稳步增长，积极稳妥拓展履职范围。2022年，全国检察机关共受理公益诉讼线索21.2万件，立案19.5万件，同比分别上升12.9%、15%。从案件领域看，立案办理传统四大法定领域①案件12.7万件，同比上升2.3%；聚焦群众反映强烈的公益损害问题，办理新领域（含新增法定领域②）案件6.8万件，同比上升50.1%，进一步拓展公益诉讼办案广度和深度。

二是诉前整改率保持高位，把诉前实现维护公益目的作为最佳状态。开展行政诉前程序12.7万件；经过诉前程序，行政机关纠正或履行职责占比达到99.8%，诉前整改实现保护公益目的作用凸显，以最小的司法投入获得最佳社会效果。

三是以提起诉讼推动问题解决，法院支持率99.97%。对未真正整改、公益持续受损符合起诉条件的案件，坚决提起诉讼，法院作出一审裁判9900余件，判决支持率99.97%，一审裁判支持率维持高位。

四是履行公共利益代表职责，恢复受损公益成效显著。通过公益诉讼督促保护、收回国家所有财产和权益28.6亿元；挽回、督促修复、清理林地、耕地、湿地、草原41.3万余亩；督促查处、回收

---

① 包括食品药品安全领域、生态环境和资源保护领域、国有财产保护领域、国有土地使用权出让领域。

② 9个新增法定领域，包括安全生产领域、个人信息保护领域、未成年人保护领域、军人荣誉名誉权益保护领域、英烈荣誉名誉保护领域、反电信网络诈骗领域、农产品质量安全领域、妇女权益保障领域、反垄断领域。

假冒伪劣食品、假药、走私药品 900 余吨；督促清理固体废物、生活垃圾 498.3 万吨。

记者：2022 年检察机关全面贯彻新发展理念，在服务保障经济社会高质量发展方面做了哪些工作？

案管办负责人：习近平总书记要求，"更好发挥法治固根本、稳预期、利长远的保障作用"。各级检察机关胸怀"国之大者"，牢记"坚持推动经济发展在法治轨道上运行"的检察责任，全面贯彻新发展理念，以依法能动履职保障新发展格局。

一是优化营商环境，持续推进企业合规改革。推进涉案企业合规改革，审慎办理涉企案件。2022 年对非国有公司企业工作人员不起诉 3 万人，同比上升 18.6%；坚持"应用尽用"，办理涉案企业合规案件 5150 件，其中适用第三方监督评估机制 3577 件，占 69.5%，企业合规适用主体更加多元，案件类型不断丰富。对整改合规的 1498 家企业、3051 人依法作出不起诉决定，引导一批企业重获"新生"，走上合规经营之路。

二是突出防范金融风险，筑牢金融安全法治防线。落实二十大报告提出的"依法将各类金融活动全部纳入监管"部署，严厉打击金融犯罪，起诉破坏金融管理秩序犯罪、金融诈骗罪 2.9 万人，持续推动落实"三号检察建议"。加大反洗钱力度，2022 年共起诉洗钱罪 2500 余人，同比上升 1 倍。起诉洗钱罪与上游犯罪的比例为 2.9%，同比增加 1.9 个百分点，洗钱罪查办力度不断加大，"一案双查"成效逐步显现。

三是聚焦资本市场安全，从严打击证券期货类犯罪。2021 年 9 月最高检驻证监会检察室成立，2022 年共起诉各类证券、期货类犯罪 300 余人，同比上升 38.4%，办理了一批有重大社会影响的财务造假、操纵市场、内幕交易等重点领域案件，形成打击证券犯罪的高压态势。加强执法司法协作，统一执法司法标准，起诉的证券类犯罪均作出有罪判决。

四是围绕科技自立自强，加大知识产权司法保护力度。强化对知识产权的刑事、民事、行政检察综合司法保护，起诉侵犯知识产权犯罪 1.3 万人；建议行政执法机关移送案件 431 人，监督公安机关立案 341 件，同比分别上升 40.8%、14%，知识产权保护力度不断加大。推进知识产权检察职能集中统一履行，受理知识产权民事监督案件 700 余件，提出抗诉、再审检察建议 80 件；受理知识产权行政监督案件 200 余件，打好服务创新驱动发展"组合拳"。

记者：互联网信息时代，网络安全隐患不容小觑。筑牢网络安全的"铜墙铁壁"，不仅事关国家安全，也与人民群众切身利益息息相关，检察机关如何深化创新履职推进网络空间治理？

案管办负责人：没有网络安全就没有国家安全，就没有经济社会稳定运行，广大人民群众利益也难以得到保障。检察机关针对传统犯罪向网上蔓延的新态势，聚焦"云上"安全，切实维护网络安全，推动网络治理，以法治之力助力网络文明建设。

一是加强全链条惩治，严厉打击网络犯罪。起诉利用电信网络实施的诈骗、赌博、传播淫秽物品等犯罪 23.7 万人。聚焦重点领域，全力打击电信网络诈骗犯罪，起诉 3.1 万人；强化"全链条"打击，协同推进"断卡"等行动，起诉帮助信息网络犯罪活动罪 13 万人；从严惩治行业"内鬼"非法泄露个人信息等行为，起诉侵犯公民个人信息罪 9315 人。进一步扎紧打击防范法网，遏制电信网络犯罪高发态势。

二是宽严相济，确保案件办理效果。将网络犯罪惩治重点放在犯罪集团、犯罪团伙的组织者、策划者、指挥者和贩卡团伙、职业"卡商"上；对年轻人尤其是在校学生沦为犯罪"工具人"、诈骗犯罪帮凶的情况，坚持相关刑事司法政策。对 2700 余名涉嫌帮助信息网络犯罪活动罪的学生、3200 余名未成年人作出不起诉决定，不诉率分别达到 74.9%、86.7%，较整体刑事犯罪分别高 48.6 个、60.4 个百分点。

三是发挥刑事检察和公益诉讼检察双向合力，强化诉源治理。立案办理个人信息保护领域、反电信网络诈骗领域公益诉讼案件 6000 余件。探索在个人信息保护、网络空间治理领域建立办案联动机制，加强对网络空间的综合保护。重庆检察机关在办理利用网络传播淫秽视频的刑事案件时，针对侵害未成年人合法权益的行为提起民事公益诉讼；浙江宁波检察机关在办理冒充物流、网购退款赔偿类电信诈骗案件时，针对在个人信息保护方面存在的漏洞办理行政公益诉讼案件，通过与网信、公安、市场监管等部门磋商，建立长效治理机制，筑牢防电信网络诈骗"防火墙"。

记者：新时代，人民群众对民主法治、公平正义、安全环境等方面有了更高水平、更丰富内涵的新需求，检察机关如何以检察履职助力解决人民群众急难愁盼问题，把人民至上做实做到位？

案管办负责人：习近平总书记强调，坚持法治为了人民、依靠人民、造福人民、保护人民。司法案件大多发生在群众身边，用心用情办好，才能守住民心。检察机关始终坚持以人民为中心，聚焦与人民群众利益紧密相关、人民群众普遍关注的问题，以"我管"促"都管"，推动解决人民群众急难愁盼、执法司法"病灶顽疾"和社会治理堵点难点，通过检察履职促进保障和改善民生，厚植党执政的政治根基。

一是守护群众身边的安全。从严打击涉食品药品安全犯罪，起诉危害食品药品安全犯罪 9500 余人，立案办理食品药品领域公益诉讼案件 2 万件。严惩危害公共安全犯罪，起诉危害安全生产犯罪 5000 余人，同比上升 21.9%；持续推动落实"四号检察建议"，依法严惩涉窨井盖刑事犯罪，江苏镇江检察机关对盗窃井盖、雨水箅子等 60 余块的陈某以危险方法危害公共安全罪提起公诉。办理安全生产领域公益诉讼案件，构建刑事检察和公益诉讼衔接机制，实现对群众身边安全"全链条""多维度"保护，守护老百姓"舌尖上、脚底下、网络中"的安全。

二是关爱特定群体，传递司法温度。对未成年人教育为主、惩罚为辅，未成年人不捕率、不诉率分别为 68.5%、59.9%，较整体刑事犯罪分别高 25.1 个、33.6 个百分点；"零容忍"从严惩处侵害未成年人犯罪，起诉侵害未成年人犯罪 5.8 万人。适用未成年人保护法推动落实从业禁止制度，猥亵儿童教职人员被宣告终身禁业。做细司法救助，坚持"应救尽救"，共发放救助 8.2 万人，同比上升 72.2%，发放救助金 8.4 亿元，同比上升 36.9%。做好支持起诉工作，对诉讼能力偏弱的老年人、残疾人、农民工支持起诉 6.7 万件，其中支持农民工起诉 4.2 万件，同比分别上升 51.4%、45%。

三是践行"枫桥经验"，着力化解矛盾。创新检察信访工作方式，抓实群众信访"件件有回复"，信访总量、重复信访数量同比分别下降 13.2%、14.1%。建立各级检察院领导带头办理信访案件、领办重大疑难复杂信访案件机制，院领导包案办理疑难复杂信访案件 5 万余件，化解率为 84.7%。全面落实"全过程人民民主"，加强公开听证工作。2022 年共开展公开听证 18.9 万件次，同比上升 79.8%，让检察工作可感、可评、可监督；探索上门听证、简易听证，办理信访案件开展简易公开听证 2.2 万件，努力把矛盾纠纷化解在当地、解决在首办环节，让人民群众切身感受到公平正义就在身边。

记者：人民民主是社会主义的生命，是全面建设社会主义现代化国家的应有之义。检察机关在发展全过程人民民主方面有什么做法？取得了哪些成效？

案管办负责人：习近平总书记强调，全过程人民民主是社会主义民主政治的本质属性，是最广泛、最真实、最管用的民主。党的二十大报告将"发展全过程人民民主，保障人民当家做主"作为专章进行重点部署。检察机关立足检察职责定位，推进全过程人民民主的检察实践，以"努力让人民群众在每一个司法案件中感受到公平正义"为导向，以确保法律有效执行为工作重心，坚持司法为民，践行全过程人民民主。

一是加强民主监督，拓宽群众有序参与和监督司法的渠道。推动"四大检察"广泛引入人民监督员监督，2022年，全国检察机关共邀请人民监督员19.97万人次，监督检察办案活动12.6万件次，同比分别上升1.2倍、1.5倍。监督方式更加多元，公开听证、巡回检察、案件质量评查等10种参与监督方式实现全覆盖，其中公开审查和公开听证占72.7%，监督活动更加融入实质性办案。监督成效日益彰显，人民监督员在监督检察办案活动中共提出监督意见建议7.8万条，检察机关采纳率99.7%，未采纳监督意见建议的，加强对人民监督员精准反馈，重点解释和反馈180人次。监督工作更加专业，人民监督员职业、专业具有广泛性和代表性，如上海检察机关在办理无障碍环境设施建设公益诉讼案件时，人民监督员结合自身专业知识提出针对性意见建议，有力促进城市盲道治理。

二是强化检察听证，以公开促公正赢公信。为解决好人民群众的操心事烦心事揪心事，检察机关在办理各类案件过程中，通过召开听证会搭建对话交流平台、司法民主参与平台，把办案过程"晒出来"，案件处理依据"亮出来"，以群众看得见、听得懂的方式释法说理，把听证会做成"法治课"。坚持"应听证尽听证"，2022年，全国检察机关开展听证18.9万件，同比上升79.8%，听证案件类型不断拓展，已全面覆盖"四大检察"。检察长带头示范，发挥"头雁效应"，地方三级院检察长主持听证1.9万件，占10.2%，省级院检察长先后就34件疑难复杂、有重大影响案件主持听证。群众广泛参与，听证质量明显提升。共邀请63.8万人次参加检察听证，其中，人大代表 10.3 万人次，政协委员 8.1 万人次，人民监督员 17.9 万人次，当事人所在单位或居委会、村委会代表、人民调解员以及有关技术专家、法学教授等社会各界人士 27.5 万人次；山东、黑龙江、四川等地检察官"带案下乡"，把听证会开进乡村、社区、企业，邀请村干部及村民代表担任听证员，以更"接地气"的办案方式，促进案结事了人和。

三是深化检务公开，以司法公正引领社会公正。2022 年，全国检察机关发布程序性信息 214.3 万件，发布重要案件信息 7.1 万件，实现检察机关"四大检察"办案情况主动向社会公开的全覆盖。最高检及各级检察机关每季度向社会公布主要办案数据，并选取群众关注的热点案件类型，发挥预警社会、警示犯罪、引导司法作用。

地方专栏·湖北

DIFANG ZHUANLAN · HUBEI

为"高质效办好每一个案件"提供案管保障

王守安[*]

习近平总书记在党的二十大报告中再次强调，"努力让人民群众在每一个司法案件中感受到公平正义"。为深入贯彻落实党的二十大决策部署，跟上、适应党和人民群众对检察工作的新要求新期待，以应勇检察长为班长的新一届最高检党组坚持以习近平法治思想为指引，提出了"高质效办好每一个案件"的更高履职要求。加强"案"的管理是增强办案质效、保障司法公正的前提。案件管理办公室作为检察机关的业务中枢，承担着监督管理和服务保障两项重要职责，核心任务就是通过分析研判、业务会商、流程监控、案件质量评查等业务活动，为领导决策、监督办案提供参谋服务，督促和保障检察人员依法、公正、高效履职。在推进检察工作现代化的进程中，现代化检务管理是重要支撑，案管部门责任重大、使命光荣。

新修订的《检察机关案件质量主要评价指标》是最高检以"高质效办好每一个案件"为基本价值追求采取的重大举措，旨在与时俱进完善案件质量评价指标体系，不断优化检务管理，更好发挥考核"指挥棒"作用，引导检察人员在监督办案中做到质量、效率、效果有机统一、同步提升。作为评价指标的主要运用部门，案管部

---

[*]　王守安，湖北省人民检察院党组书记、检察长。

门必须深刻认识健全完善案件质量评价指标体系的重要政治意义、法治意义、实践意义，加强评价指标的科学运用、深化运用，促进监督办案更加优质高效。

近年来，湖北检察机关案管部门在最高检案管办的领导、关心和指导下，不断深化案件管理工作实践，注重加强检务管理的理论与实务研究，取得了一些成绩，本期的湖北专栏即是工作成果的集中体现。下一步，湖北检察机关将按照最高检的部署要求，以贯彻落实《检察机关案件质量主要评价指标》为契机，引导广大干警准确把握指标调整变化背后的法治精神和价值导向，进一步更新司法检察理念，进一步树立正确的政绩观，进一步加强"反管理"治理，努力为人民群众提供更优质的法治产品、检察产品。同时，聚焦制约案管履职的体制机制障碍加强调查研究，通过深化案管理论研究推动案管工作创新发展，为推进案件管理工作现代化贡献湖北智慧和力量。

充分发挥业务中枢协调作用
以案件管理现代化服务保障检察工作现代化

湖北省人民检察院案件管理办公室

目 次

　　湖北省案件管理办公室坚持以习近平新时代中国特色社会主义思想为指导，深入贯彻习近平法治思想，全面学习贯彻党的二十大精神，认真落实《中共中央关于加强新时代检察机关法律监督工作的意见》和中央政法工作会议、全国检察长会议部署，按照王守安检察长提出的"充分发挥案管部门业务中枢协调功能，规范监督管理，强化服务保障""全面、能动、创新推进工作"的工作要求，坚持以政治建设为统领，紧紧围绕"监督管理和服务保障"两大主责主业，突出重点，攻克难点，打造亮点，推动业务监管实质化、服务措施精细化、保障机制高效化、队伍建设专业化，努力以案件管理现代化服务保障检察工作现代化。

一、 围绕中心服务大局，彰显民生要事检察力量

全面落实党的二十大精神和党中央关于优化营商环境的决策部署，积极响应省委以控制成本为核心优化营商环境，全力打造全国营商环境新高地的号召，运用法治力量、检察力量更加有力服务全省经济高质量发展，助力湖北加快建设全国构建新发展格局先行区。充分发挥牵头作用，统筹协调开展"充分发挥法治固根本稳预期利长远功能，促进优化营商环境"专项检察活动，以更优的办案质量、更好的法治环境，助推湖北持续优化营商环境。深化推动案件质量评价指标体系的运用，通过案件管理将宽严相济等刑事政策落实到个案办理中，将办案影响、风险评估和矛盾化解等工作纳入案件质量评价的重要内容，实现案件办理与社会治理的有效结合。

二、 强化全过程监督管理，促进司法办案客观公正

一是做全做细办案程序监督。全面深入理解、掌握、运用最高检下发的"四大检察"流程监控要点，不断提升流程监控工作的覆盖面和督促落实的及时性。二是做严做深案件实体监督。修订完善《案件质量评查工作实施细则》《案件质量评查结果等次评定标准》等规范性文件。探索建立撤回起诉、无罪判决案件"一案一评析"制度。完善评查讲评和监管典型案例评选制度，强化评查结果运用，促进办案质量提升。三是做精做细数据质量监督。针对数据填录存在的"假错漏迟"问题，进一步压实办案人员填录主体责任和案管部门审核监督责任。高度重视最高检业务数据质量通报，举一反三强化问题纠错整改。加强数据日常审核，建立常态化数据质量问题提示制度，坚决整治和杜绝"反管理"问题。四是做优做强智能辅助监督。用数字赋能，向科技借力，进一步打造、整合、升级各类智慧案管业务信息化监管平台，力求将办案流程、数据质量范

畴中需要监控的各类因素转化为自动监控规则，实现后台智能监管向前台智能辅助的跨越。五是做实做好法律监督线索移送。深入贯彻《人民检察院内部移送法律监督线索工作规定》，积极履行管理职责，做好法律监督线索移送统计、分析、研判、通报，不断提高法律监督线索移送的质量和效率。

三、 积极发挥参谋作用，保障检察权运行规范高效

一是深化业务分析研判。建立健全业务数据提醒、分析、会商、部署与反馈、发布与解读"五位一体"分析研判会商机制。结合案件质量评价指标落实，从异常数据、短板弱项等不同纬度确定研判主题，在定期综合研判会商基础上，提示、协助各业务部门围绕流域综合治理、涉案企业合规改革、轻罪治理等重点工作进行专项分析研判，为领导决策提供更加精准的参考依据。二是深化人民监督员和检察听证工作。围绕人民监督员制度确立20周年，进一步落实《人民检察院办案活动接受人民监督员监督的规定》，着力解决监督范围不全、方式单一、地区开展不均衡等问题，推动工作深入开展。根据《人民检察院听证员库建设管理指导意见》，进一步规范听证员选任、管理、使用、保障等相关工作。三是稳慎开展案件信息公开工作。继续组织好法律文书公开新原则、新要求的学习、培训工作，持续推进阳光检务，依法保障人民群众知情权、监督权。对拟公开案件信息、业务数据、法律文书，严格落实五步审查制，确保不出事故、不出舆情。四是完善律师阅卷服务体系。着眼构建良性互动检律体系，继续做优现场阅卷和互联网阅卷服务，不断提升律师阅卷效率。按照最高检部署，深入开展省内律师异地阅卷试点，探索构建工作机制，深度解决律师"阅卷难"问题。

四、严格管理提升素能，塑造忠诚干净担当的案管铁军

一是强化政治引领。坚决把政治素养作为首要素养培育强化，学深悟透力行习近平法治思想，把政治建设融于业务体现在案件管理工作的每一个环节，以实际行动坚持"两个确立"，做到"两个维护"。积极开展上下联动的主题党日活动，始终保持"红旗党支部"的先进性、示范性。二是着力业务素能提升。围绕全面提升案管人员"六个能力"，广泛开展案管基本素能培训。配合最高检案管办在我省举办中国法学会检察学研究会案件管理专业委员会第二届理论研讨会，引导全省案管人员积极参加各级各类理论征文活动，通过理论创新带动制度创新、工作创新。三是严肃作风纪律。时刻紧绷廉政之弦，按照最高检"六个严禁"要求，持续巩固深化检察队伍教育整顿成果，坚持不懈抓好廉洁自律和保密安全工作，严格执行"三个规定"，坚决杜绝违规吃喝等违法违纪问题发生，切实打造一支忠诚干净担当的案件管理队伍。

能动管理理念的价值内涵与实践路径探析

王文静　高　畅[*]

---

　*　王文静，湖北省人民检察院案件管理办公室主任；高畅，湖北省人民检察院案件管理办公室四级高级检察官。

在全国检察机关第二次案件管理工作会议上，最高检提出了新时代检察机关案管工作需要树牢科学管理、能动管理、智能管理"三个理念"。"三个理念"之中，评价工作态度的能动管理尤为特殊，旨在解决案管工作中的深层次、内生性问题。本文拟从理论和实践层面对能动管理进行探讨，进而提出落实思路和路径，以期更好助力案管工作高质量发展。

一、 理论探析：能动管理理念的基本内涵和重要意义

"能动"在《现代汉语词典》中的意思是"自觉努力、积极活动的"。能动管理就是适应检察工作大局，适应司法办案需要，不固守自己的"一亩三分地"，自觉主动地开展管理和服务工作。[①] 能动管理理念根源于管理工作的基本原理，根源于能动检察的现实需求，根源于案管部门的职能定位，对丰富案件管理理论和实践都具有积极意义。

（一） 能动管理是深化拓展管理原理的创新之策

案件管理属于管理范畴，理应遵循管理学的一般原理。有学者认为，管理的基本原理包括系统原理、人本原理、责任原理、效益原理等原理。[②] 上述原理是能动管理的重要理论基础，能动管理理念是对管理学基本原理的运用和发展。首先，能动管理强调不断追求为大局服务、为人民司法的目的，有利于引导案管人员树牢正确的效益观，是效益原理的运用成果。其次，能动管理强调处理好案件办理和案件管理的关系，从整体着眼，部分着手，统筹考虑，加

[①] 参见童建明：《构建新时代检察机关案件管理工作新格局　为促进检察工作高质量发展提供坚强管理保障》，载《检察日报》2021年10月28日第2版。

[②] 参见周三多、陈传明、刘子馨、贾良定编著：《管理学——原理与方法》（第七版），复旦大学出版社2018年版，第82—94页。

强协调，使检察业务这个整体达到最优化，是系统原理的具体呈现。再次，能动管理强调将原则性与灵活性有机结合，以柔软的身段、坚定的态度开展案管工作，促进业务部门自觉配合、心悦诚服地接受管理，是人本原理的生动诠释。最后，能动管理要求明责于心、担责于身、履责于行，以个体的主动作为汇聚成推动案管工作和检察工作高质量发展的源源动力，是责任原理的有力体现。

（二）能动管理是深入落实能动检察理念的时代之需

近年来，最高检党组坚持以习近平新时代中国特色社会主义思想为指导，认真思考谋划新时代检察工作，提出了"三个自觉""双赢多赢共赢""精准监督"等一系列检察新理念。"能动检察"是检察理念创新的又一重要成果，其内涵是以高度的政治自觉、法治自觉、检察自觉积极担当作为，主动适应时代发展，充分履行法律监督职责，以检察工作高质量发展服务保障经济社会高质量发展。① 作为检察工作的一部分，案管工作应当服务于检察工作这个整体，案管理念也应当融入新时代检察工作理念，确保案管工作与整体检察工作步调一致、同步合拍。能动管理可以看作是能动检察的"案管篇"，有利于引领案管人员更好发挥主观能动性，通过高层次、高水平的监督管理和服务保障工作，助力"四大检察""十大业务"全面协调充分发展，促进社会和国家治理体系、治理能力现代化。

（三）能动管理是做实案管部门业务中枢定位的发展之要

伴随案管工作不断深化，案管部门的职能定位也经历了由"枢

① 参见谢鹏程、高磊：《以能动司法检察理念开启检察新征程》，载《检察日报》2021 年 8 月 9 日第 3 版。

纽"到"中枢"的转变，意味着案管工作面临更高的要求、更大的责任。"中枢"更强调案件管理在推进检察业务工作中发挥主导作用。这种主导作用不是要求"单打独斗"，而是通过贯通上下左右、有效联络各方凝聚各业务管理主体合力，牵引业务工作整体向前。案管部门在服务检察长、检委会的宏观管理方面，需要主动做好上传下达工作，成为院党组、检察长对业务工作要求的"传导器"。在对接办案部门和检察官的自我管理方面，需要主动加强与办案部门的配合，既尊重办案主体的自主权，又加强对检察权的制约监督。在对接政工、检务督察等部门的综合管理方面，需要主动加强协调，强化监管结果运用。因此，业务"中枢"定位内在地要求案管人员更主动、更及时地统筹检察业务工作，将能动管理理念贯穿工作全过程。

二、 实践检视：能动管理理念在执行中遇到的主要问题

（一）力度不够，在能动管理上有"落差"

一是服务大局贴不紧。案管部门服务中心工作的作用还需要加强。比如，部分案管部门的分析研判工作比较薄弱，在精确分析特点、精深分析原因、精准提出对策上有明显不足，为院党组提供决策参考的作用需要进一步加强。二是服务业务贴不紧。受历史因素、能力素质、机制建设等多重原因影响，部分案管部门在履职中对刑事检察着力较多，对民事、行政和公益诉讼检察的监管工作相对薄弱，服务"四大检察"全面均衡发展的精力摆布有待改进。三是服务群众贴不紧。部分单位探索便民利民措施不够，服务群众的精准性、实效性还有不足。比如，对于人民监督员的知情权保障不够充分，组织人民监督员参与监督有重大影响、疑难复杂的案件还不多，检察监督的"第三只眼"作用发挥还有不足。

（二）精度不够，在能动管理上有"偏差"

一是与司法责任制改革的要求不相符。随着司法责任制改革深入推进，检察机关办案组织和检察权运行模式也发生深刻变化，在"充分放权"和"有效控权"之间维持平衡，需要把握好案管工作的"度"。但个别案管部门混淆了案件管理与办理的界限，主动介入实体办案，甚至干扰了检察官的办案自主权。二是与职能定位不相符。少数案管部门脱离主责主业"四面出击""大包大揽"，在事务性、临时性工作上花费了大量精力，制约了业务中枢作用的发挥。三是与管理工作规律不相符。现代管理学理论认为，管理的本质是协调，核心是人的行为。开展好管理工作必须处理好人与人的关系。少数案管部门进行业务监管时与业务部门沟通不够，一味追求发出多少纠正意见、指出了多少问题，造成部门间关系紧张，影响了案管履职。

（三）深度不够，在能动管理上有"温差"

一是类案监管不到位。部分案管部门重个案监管轻类案监管，监管的集约化程度低，深化拓展成果不够，导致事倍功半，距离"监管一件、治理一片"的目标还有较大差距。二是机制建设不到位。总的来看，案管工作已经由外延式建设的旧阶段步入内涵式发展的新阶段，在"四梁八柱"建成后，进行"内部装修"的任务显得更加迫切。比如，最高检2014年制定的《人民检察院刑事诉讼涉案财物管理规定》明确涉案财物由办案部门处理，款项由财务部门负责，保管和监督由案管部门负责。实践中，涉案财物处理单靠一个部门难以完成。部分案管部门被动领受专项清理任务，不善于从机制层面解决协同不够、效果不彰的问题。三是理论研究不到位。部分案管人员忙于实务工作，对于案件管理的理论依据、自身价值、履职范围等深层次问题研究不够，影响了实践深度，导致工作平淡，缺少特色和亮点。

（四）速度不够，在能动管理上有"时差"

一是大数据赋能不及时。有的案管部门不善于将案管工作纳入信息化的快速发展轨道，智慧案管建设明显滞后。有的案管部门与检察系统内外相关单位的信息共享不及时，不善于拓展数据的广度和深度。二是素能提升不及时。案管部门人才总量不足，高层次人才缺乏的问题较为普遍，基层院的困难尤为突出。案管队伍在年龄结构、专业结构、专业能力等方面还有较大提升空间。部分案管部门安于现状，缺少提升队伍素能的管用办法，案管人员的核心竞争力不够。三是总结宣传不及时。与业务部门相比，案管部门对自身工作的总结宣传不够及时，叫得响的典型案事例和工作品牌不够多，案管工作在人民群众中的知晓度、认同度、满意度还不够高。

三、破题路径：践行能动管理理念的有效方法

（一）提升素能是基础

一方面，应当拓展"全科医生"的业务广度。要增强"能力恐慌"和"本领恐慌"的紧迫感，结合最高检编写的"十大业务"系列教材，全面学习"四大检察""十大业务"工作内容，不断夯实业务知识储备。要积极邀请业务专家和业务骨干参与案管条线授课，参与业务部门的培训、研讨、检察官联席会议，联合业务部门开展主题党日、结对共建、专题调研等活动，在学习交流中取长补短、凝聚共识、共同提升。另一方面，应当拓展"专科医生"的专业深度。要学好用活最高检案管办编写的案件管理工作教材，通过精读深研领会新理念、掌握新方法，促进案管人员规范高效开展案

管工作。结合案管队伍构成多元化的实际情况，要大力开展集中培训、岗位练兵、业务竞赛等活动，全面提升案管人员的专业知识、专业能力、专业作风、专业精神。此外，要健全各类案管人才库，加强对骨干人才的重点培养，加快培育一批专家型、复合型案管人才，以点带面推动形成比学赶帮超的良好氛围。

（二）找准方向是前提

一是突出政治性。检察工作是政治性极强的业务工作，也是业务性极强的政治工作。案管人员应当做到凡事"从政治上看"，主动服务党所确立的根本任务和发展目标，服务国家经济社会发展大局，在扫黑除恶专项行动、优化法治化营商环境、新冠疫情防控等重点领域找准能动管理的结合点和发力点，为服务大局贡献力量。[①]二是突出人民性。服务人民是能动管理的出发点和落脚点。案管人员应当牢固树立以人民为中心的发展思想，紧紧围绕人民群众对民主、法治、公平、正义、安全、环境等的新要求，不断加强对"四大检察""十大业务"的监管服务工作，促进各项业务提档升级，和业务部门一道为广大人民群众提供更及时、更精准、更普惠的法律产品和检察产品，努力让人民群众在每一个司法案件中感受到公平正义。三是突出科学性。把握法治规律和检察规律是践行能动司法检察理念的关键。[②] 同理，落实能动管理理念，应当将科学管理作为重要遵循。正确理解和践行能动管理理念，首先应当尊重司法工作规律、检察工作规律和管理工作规律，防止违背科学管理的态度和方法。比如，在执行案件质量主要评价指标过程中，应当把司

---

① 参见熊秋红：《能动司法检察是法治理念的深化》，载《检察日报》2021 年 8 月 16 日第 3 版。

② 参见谢鹏程、高磊：《以能动司法检察理念开启检察新征程》，载《检察日报》2021 年 8 月 9 日第 3 版。

法规律融入指标实现的全过程，不能单纯追求数量搞排名，不能违反司法规律层层加码，不能脱离实际设置考核指标。

（三）抬高标杆是动力

一是主动一步。案件管理是参与、跟进、融入式监督，是全面、实时、动态式监督。上述特点决定了案件管理必须具备强烈的能动意识，主动作为、开拓局面。比如，有的案管制度规范已经不适应新形势新要求，案管部门应当主动开展调研，及时对相关制度进行修订，努力使各项工作程序清晰、标准科学、节点可控、考评有据，助力案管工作转型升级。二是做深一步。案管部门在全面履职的基础上应当深度发力，在破解深层次问题的过程中实现竞进提质。比如，对于新接手的检察听证工作，案管部门仅仅汇总数据和信息只能在面上推动工作，应当综合运用业务数据分析研判、案件质量评查、流程监控等手段督促解决"凑数听证"问题，增强制度执行的实质性，切实发挥制度优势。三是创新一步。实现常干常新，应当从中心大局新部署中、从人民群众新需求中、从兄弟单位新经验中，汲取灵感、寻求突破，在创新中出实招、求实效。比如，结合涉案企业合规改革试点工作，案管部门可以在开辟受案绿色通道、开展专题分析研判、组织专项评查、引入外部监督、统筹合规听证等方面探索新措施，培育新亮点。

（四）改进方法是关键

一是增加管理的人文性。管理人本化是现代社会文明的标志。案管部门应当将服务于人作为管理的根本目的，以"如我在位"的角度思考业务部门面对的问题和改进的思路，采取更加灵活的监管方式，多一些事前提醒、多一些柔性建议、多一些正向牵引，更大程度地争取理解、凝聚共识，力争双赢多赢共赢。二是增加管理的协同性。案管部门应当在业务部门设立联络员，加强日常协作，借助业务部门的专业优势，研究数据背后的深层次问题，提升业务监管的精准度。应当充分发挥一体化优势，依靠上级院的支持强化标准设定、工作保障、跟踪问效，解决好同体监督和同级监督难等问题。三是增加管理的智能性。随着案管工作由粗放型向精细化转型，传统的管理方式已不能适应日益增长的业务发展需要，必须大力加强智慧案管建设，从根本上解决人力不足的问题。比如，最高检案管办提出了智慧案管建设的总体思路，各地案管部门可以结合工作实际，积极探索实用性强、效果好的案管"小程序""轻应用"，为案管工作高质量发展插上科技"翅膀"。

（五）转化成果是焦点

一是抓类案监管。要把流程监控、质量评查和分析研判有机结合起来，逐步实现从注重微观监督向宏观监督转变，通过个案监管梳理出普遍性、倾向性问题，深度分析原因，提出对策措施，促进提升业务监管整体效能。二是抓理论研究。在案管部门普遍人力不足的情况下，可以加强检校合作，通过联合课题攻关、座谈调研等方式，深入研究案管工作规律。尤其要总结和固化能动管理的有益经验，将能动管理的基本要求具体化、程序化、机制化，推动案管各项制度更加成熟定型。三是抓辐射带动。应当积极与新闻宣传部门建立良性互动机制，紧扣工作重点和亮点，整体设计主题宣传方案，开展深度化、立体化、系列化宣传，选树案件管理的好典型、讲述好故事，提升案管工作的社会影响力和群众满意度。

案件管理部门"中枢"职能定位研究

徐 政[*]

---

* 徐政，湖北省钟祥市人民检察院第六检察部主任，一级检察官。

2021 年 6 月，党中央印发了《中共中央关于加强新时代检察机关法律监督工作的意见》，这是新时代检察工作高质量发展的科学指南和行动纲领。习近平总书记指出，高质量发展就是体现新发展理念的发展。检察工作高质量发展，离不开高水平的监督办案和科学高效的管理。在全国检察机关第二次案件管理工作会议上，最高检提出了"把握案管部门作为检察业务工作中枢的职能定位，突出监督管理和服务保障两大主责，树牢科学管理、能动管理、智能管理三大理念，健全业务指导、评价、管控、保障和外部监督等五大体系"的工作思路，首次将案件管理部门的职能定位明确为"中枢"，体现了最高检党组对案件管理工作的高度重视，案件管理部门的工作面临转型升级发展的重要机遇。案件管理工作特有的案件流程管理中心、质量管理中心，以及检察业务数据的生产、应用和管理中心的价值为案件管理部门的"中枢"定位做了最好的注释。

一、 案管部门"中枢"职能定位的总体战略

（一）新时代案管部门"中枢"职能的考量因素

"中枢"出自汉扬雄《太玄·周》："植中枢，周无隅。"范望注："正午为中，枢立则运，言二极相当，为天杠抽运。"中枢，指事物中起主导作用的部分。案管部门在检察机关内设机构的定位从枢纽部门转型升级到中枢部门，是一个巨大的跨越。2020 年，在讨论案管部门的枢纽定位时，认为"在司法责任制改革的新形势下，案管部门作为落实检察长和检委会宏观业务领导与管理的枢纽部门，是检察机关'业务工作的办公室'，且随着时代的发展以及内部监督的加强，无论在管理学意义上还是在检察学意义上，案件管

理的系统性作用均不断凸显"①。有论者认为，新修订的《人民检察院刑事诉讼规则》第664条规定"人民检察院负责案件管理的部门对检察机关办理案件的受理、期限、程序、质量等进行管理、监督、预警"，对案管部门的基本职能做了概括性的介绍，即"案管部门负责对检察机关办理的所有案件进行集中受理、分析、监督以及考评等活动，确保办案人在办理案件的过程中程序无误，以规范办案人的办案行为，保证当事人的合法权益，实现司法公正。正是由于案管工作的职能，决定了其在检察业务中的中心枢纽地位"②。2021年以来，随着新时代检察大数据的发展和应用，案管部门职能定位出现迭代式升级，案件流程监控中心、质量管理中心等职能和成效凸显，通过数据桥梁搭起了各业务部门与案管部门的天然通道，各业务部门办案成效在案管大数据平台得以直观体现，数据强弱一定程度上反映了检察办案工作的优劣。在掌握数据基础上，能够深度挖掘数据背后所蕴藏的法理和价值。可以说检察大数据是案管部门的核心竞争力。因此，检察大数据让案管职能得到拓展、效能得到倍增、价值得到提升，这是案管部门由"中转站"升级为"业务中枢"的关键所在和力量源泉。

（二）案管部门"中枢"职能体现的司法理念

1. 业务指导是中枢作用的核心价值。从最高检定位案管部门的中枢职能来看，案管部门担负的业务指导主要是从宏观方面来讲，而不是微观层面和个案监管，分析研判会商是"站在检察长的角度，全面审视业务工作情况，提出客观、全面、针对性的意见，服

---

① 参见许金约、陈树斌：《检察业务体系中案件管理枢纽作用之二维检视》，2020年全国检察机关案件管理理论与实务研究获奖征文。

② 参见杨楠楠：《案管部门枢纽地位研究》，载《法制博览》2020年第33期。

务业务决策,指导业务开展"①。通过检察业务数据分析找准业务质效中存在问题,深入围绕优化法治化营商环境、涉案企业合规改革等重点工作开展专题分析研判,为推进各项检察工作提供有效参谋依据。要认真落实《最高人民检察院业务数据分析研判会商工作办法》,通过制度安排明确业务部门参与的方式,将业务数据背后的问题分析透彻、分析精准,发挥数据研判同向发力的作用,推动业务问题的有效解决,提升工作质效。

2. 业务评价是中枢作用的重要支撑。案管部门的业务评价主要推动最高检建立的案件质量主要评价指标体系在本院的落实落地。一是抓好指标的应用。同时,也要重视各项指标的综合配套协同作用。要善于通过不同指标的组合,实现对办案活动的全面动态评价。二是抓好检察业务数据分析研判工作,制作《检察机关案件质量主要评价指标解读手册》,将案件质量主要评价指标的运行情况在每月分析研判会上进行提示,多措并举推动最高检决策部署的落实。三是依据最高检《关于开展检察官业绩考评工作的若干规定》的文件精神,配合政工部门抓好本院检察官年度业绩考评工作。案管部门牵头开展的案件质量评查工作针对的就是检察官办案质效的评价,关系到员额检察官退出和追责机制的启动。

3. 业务管控是中枢作用的质量控制。业务监管是案管部门的立身之本,业务监管工作主要体现在案件质量评查和流程监控工作方面,流程监控聚焦检察官办案的程序是否规范,而案件质量评查是全方面地评价检察官在实体和程序两个维度的办案工作是否规范。流程监控工作主要围绕诉讼权利保障、法律文书制作等开展。案件质量评查主要围绕检察工作大局开展重点评查、专项评查。将评查

---

① 参见申国军、邢晓冬、赵培显:《检察业务数据分析研判会商的基本方法》,载《检察业务管理指导与参考》2021 年第 4 辑。

结果与检察官业绩考评、司法责任认定等工作结合起来，推动司法责任制有效落实。

4. 业务保障是中枢作用的服务品牌。案管部门服务领导决策和检察官司法办案工作，服务人民群众，保障人民群众知情权和监督权。既有对内服务，又有对外服务。业务保障内容主要体现在：一是充分应用智慧案管、案件质量评查、大数据综合决策分析、律师执业权利监督保障平台等系统，解决服务不给力问题，为院领导和各业务部门办案提供数据支撑服务。二是保障检察业务应用系统正常、规范运行，确保办案工作规范。三是保障律师执业权利。案管部门要保障律师执业权利，为律师阅卷提供一流的案管服务。四是保证人民群众知情权和监督权。对于被害人的家属查询案件进展情况的，要核查身份情况，依法告知案件办理的相关程序性内容。

5. 外部监督是中枢作用的联络体系。人民监督员制度，核心在人民参与，关键在实现监督。案件管理部门担负着引入外部监督，努力推动检察业务在阳光下运行的重要职责，要研究制定"十种参与监督方式"评价指引保障人民监督员精准监督，及时编发典型案事例等发挥示范效应。检察听证是推进检务公开、提升司法公信的一项制度创新。要严格落实《人民检察院审查案件听证工作规定》等规定，防止凑数听证等问题出现，否则既浪费了紧张的检察资源，也背离了检察听证制度的设计要求。案件信息公开，是服务人民群众、接受社会监督的重要方式。案管部门要依照最高检相关规定向社会发布并解读有助于促进社会治理、对人民群众法治意识具有引领作用的检察业务数据和典型案例。

二、 案管部门"中枢"定位后发展面临的现实问题

最高检在全国检察机关第二次案件管理工作会议上，对新时代案管工作提出了"一个定位、两大主责、三个理念、五个体系"，

检察机关要准确把握好"检察业务工作中枢"职能定位，乘势而动实现业务"枢纽"向业务"中枢"职能转变。

（一）制约和阻碍案管部门"中枢"作用发挥的具体问题

1. 管理监督没有底气，不敢管。随着司法责任制改革，案管部门管理内容增多、程序复杂、标准提高。检察工作的精细化和部分规定的不明确，导致业务部门提出的问题，案管部门人员因研学不深入而无法回答，从而放松管理，不敢管。

2. 管理监督没有章法，不会管。案管工作实践中，少数案管部门人员因对"双赢多赢共赢"等司法理念的内涵领悟不深等，导致案管管理内容出现浅表化、粗线条、口号式，与最高检提出的司法理念要求不相适应，从而引起业务部门的反感和抵触。

3. 管理监督没有理念，不想管。案管部门的管理是为了推动业务部门工作提质增效。案管部门人员出于不愿意得罪人的想法，专拣案卡迟错填录、流程缺失进行监督。

4. 管理监督没有技术，不好管。案管部门缺乏对智慧案管工作的应有重视，熟悉技术和软件技能的人才少之又少，具有业务部门办案工作经历的人也少，复合人才更少。技术人才的匮乏导致案管管理能力提升慢，分析研判工作精准度不高，制约了案管部门管理质量和分析研判工作质效的提升。

（二）案管部门"中枢"作用不突出的原因

1. 没有正确理解司法责任制的内涵，放弃监督，导致中枢职能缺位。部分基层院发现"四大检察""十大业务"中没有列入案管工作，进而形成的工作舆论氛围让案管部门持续扮演"大内勤"角色，导致监督不到位，提升监督质效乏力。

2. 没有把握业务部门管理工作要求，业务部门检察管理松散，案管部门管理不够有力，导致中枢职能偏移。少数业务部门认为，案管部门的监督管理工作像"戳豁子"，这种观点阻碍了案管部门中枢职能的运作，背离了案管部门设立的初衷和职能价值。

3. 没有理解检察管理的司法理念，没有加强检务管理和检察一体化建设，部门职责分工不清，导致中枢职能缺乏权威。有的业务部门有一种错误想法，认为业务部门工作质效好时，只字不提案管，但是一旦业务部门质效不好，三天两头将案管挂在嘴边，似乎业务部门质效不好是因为案管部门没有服务好，案管部门应承担质效不好的主要责任。实际上，"案件管理总体上是一种业务监管，不介入检察官的实体办案，不直接决定和改变检察官的办案结果，主要通过及时纠正司法不规范行为，促进检察官依照法定程序办理案件"[1]。司法责任制明确规定，要保障检察官办案权力的行使，检察官对自己办案的实体处分终身负责。

4. 没有动态调整的科技支撑，案管部门发展面临瓶颈，导致中枢职能应对落后。案管部门自行研发的大数据系统，存在数据统计滞后、准确性不高等问题。案管部门运用大数据系统和案管软件及时便捷地发现案卡填录问题并纠错，运用大数据帮助发现诉讼监督线索等，始终是目前困扰案管部门和业务部门双质效提升的瓶颈问题，也制约着案管部门中枢职能的发展。

三、 案管部门"中枢"定位后发展路径的建议

（一）树立案管部门"中枢"意识，推进检察业务工作高质量发展

一是从加强党的政治建设的高度认识案管部门的中枢职能定

---

[1]　参见最高检案件管理办公室主任申国军于 2021 年 9 月 16 日在全国检察机关第二次案件管理工作会议上的总结讲话。

位。习近平总书记反复强调："努力让人民群众在每一个司法案件中感受到公平正义。"在人民群众看来，检察机关的办案行为就代表了党和政府、代表了国家法治建设。案管部门通过有效的科学管理、依法监督，助力检察机关依法更好维护公平正义，提供更好的检察产品、法治产品。

二是从全面提升法律监督质效的高度认识案管部门的中枢职能定位。案件管理，管的就是案件质量、效率、效果。案件办理和案件管理犹如检察业务工作的"车之两轮""鸟之双翼"，检察机关重视案件办理工作，就必须同样重视案件管理工作，形成相辅相成、相互促进的关系。

三是从推进全面从严管党治检的高度认识案管部门的中枢职能定位。习近平总书记指出，司法责任制改革后，政法干警办案自主权增大，容易出现"灯下黑"问题。近年来，通过政治巡视、扫黑除恶斗争、政法队伍教育整顿等，暴露出的执法不公、司法腐败问题，都与制约监督不到位密切相关。"坚持以追责倒逼全面落实司法责任制。严肃追责问责，让司法责任制'长牙'，是对全体检察人员最大的爱护，更是对党忠诚、对人民负责。"[①] 案件管理工作通过流程监控、质量评查、协助政治部开展检察官业绩考评等工作，就是全方位、全链条、全角度地监督检察办案工作，发挥好案件管理参与、跟进、融入式监督的优势，既尊重检察官办案的自主权，又切实加强对检察权的制约监督，确保检察权规范行使。

（二）以检察业务分析研判为抓手，能动履职，培养研判"大格局"思维

"案管部门作为检察业务工作枢纽，发挥着'牵一发而动全身'

---

① 参见张军：《坚持以习近平法治思想为指引 加强新时代检察机关法律监督》，载《求是》2022 年第 4 期。

的中枢作用，首当其冲成为智慧检务和检察大数据建设运用的前沿阵地。'坐在检察数据的金矿上'，案管部门如何将海量数据转化为智能管理，上升为决策部署，助推检察工作更好更快发展，助力社会治理体系现代化，成为案管人亟需面对的时代课题。"① 案管工作要主动服务检察工作大局，强化大数据思维，将手中掌握的检察数据资源挖掘好和应用好，通过检察业务分析研判工作，服务保障检察工作顺利开展和检察长的科学决策。

（三）以受案审查为牵引，抓好法律监督源头治理

案件受案审查，要从侦查活动监督和立案监督等角度来审视案件管理部门的受案工作，发挥检察机关"窗口"的作用，发现的线索要及时移送本院办案部门依法办理。定期对公安机关移送案件中发现的问题向公安机关提示，抓好办案工作的源头治理，促进公安机关进一步规范侦查工作，提升办案质量。

（四）以流程监控为重点，抓好检察官办案规范管理

近年来，最高检先后制定了《人民检察院刑事案件办理流程监控要点》《人民检察院民事诉讼监督案件办理流程监控要点》等规定，涵盖了刑事、民事、行政、公益诉讼检察工作，案管部门要加强学习引领，坚持先学一步，每周定期举办"学习小课堂"，案管部门负责人要带头讲学习体会，对反映各条线办案管理要求的通报、通知、简报和工作经验材料做到了然于胸。要聚焦诉讼监督工作中不常监督的问题点的研判，采取工作提示函等方式，推动检察官办案工作提质增效。

---

① 参见马婧：《大数据时代背景下案管工作面临的机遇与挑战》，2020 年全国检察机关案件管理理论与实务研究获奖征文。

（五）以案件质量评查为手段，有效推行刚性管理

根据最高检《案件管理工作主要评价指标（试行）》中重点案件评查工作指标要求，采取检察机关异地交叉评查，将承办检察官是否开展诉讼监督、是否发出社会治理类检察建议等"1＋N"内容纳入案件评查范围，评查报告经检委会讨论后形成会议纪要，压紧检察官办案责任，与检察官业绩考评相衔接，有效推行案管部门的刚性管理。

（六）以人民为中心，依托信息化大数据提升服务质量

做好律师互联网阅卷工作，完善互联网阅卷工作机制，努力为律师和诉讼代理人提供更为高效、便利、顺畅的互联网阅卷等服务。完善服务的信息化建设，逐步探索自主阅卷和信息查询等设备研发，提升设备软件操作的便捷性和有效性，提升服务品质和档次。

（七）优化检务管理推动案管工作创新发展

近年来，有的检察院案管部门与科技公司联合研发业务分析和文书审查智能辅助小软件，提高了工作效率。有的检察院创新开发数据监管系统破解检察业务数据治理难题，减少了案管部门流程监控员的人力资源投入，提升了监控效率和智能化水平。要建立全国的"案管大数据应用平台"，充分发挥各地案管部门积极性，拿出各自看家"宝藏"和智能软件，交流学习各地案管的科技应用产品，提升各地案管监督管理质效。

基于检察办案质效评价体系为核心的智能化流程监控机制研究

古伟兵　王淑雯[*]

---

* 古伟兵，湖北省人民检察院第一检察部三级高级检察官，广水市人民检察院党组成员、副检察长（挂职）；王淑雯，湖北省广水市人民检察院第六检察部检察官助理。

（五）设置流程监控强制报告制度

四、基于智能化流程监控系统加强监控的措施

（一）依托智能化平台，提升流程监控的规范性

（二）整合大数据资源，提升流程监控的有效性

（三）重视人才队伍培养，提升流程监控的专业性

（四）细化流程监控标准，提升流程监控的权威性

近年来，最高检构建并持续优化以"案－件比"为核心的办案质效评价体系，旨在引导检察官把服务大局、司法为民的政治要求转化为检察办案自觉。流程监控是对办案流程所设置的外部监控体系，是加强流程规范化管理的工作机制创新。强化检察办案流程监控，及时精准发现办案流程及案卡填录中的问题并进行整改，是确保案件统计报表真实反映办案实际的重要监管手段，是办案质效评价体系的有力保障。

一、 流程监控的发展及内涵

（一）流程监控的理论起源

流程一词的起源可以追溯至 1986 年，W. Edwards Deming 提出："当企业遇到诸多问题和机遇并存的境况时，系统（流程）带来的问题占了绝大多数。"迈克尔·哈默曾定义过业务流程，形容它是一种为达到特定目标而由不同的人分别共同完成一系列的活动。[1]流程管理作为管理学中重要的组成部分，意在管理和协调组织中各个部分的衔接关系，让组织时刻保持有活力、高性能的运转。

---

① 参见王雅楠：《A 油田公司偏远井区生产流程监控管理研究》，西北大学 2021 年硕士学位论文。

（二）流程监控的法治实践

在西方国家，案件管理被称为司法流程管理，这是 20 世纪 70 年代西方国家为了应对司法堵塞和拖延的状况而推行的一种司法改革措施，其理论基础是"接近正义"理念，目标是以程序公正保障案件的实体公正。英国沃尔夫勋爵曾指出：信息技术是目前民事司法改革的关键。同时，沃尔夫勋爵还推荐了四大类案件管理系统：案件追踪系统、案件计划系统、电视电话会议系统、文件获取系统。①

2013 年，最高检研发并推广的全国检察业务应用系统，基本囊括了沃尔夫勋爵所提到的案件管理系统的案件追踪、案件计划、文件获取等功能，其核心价值是用数字技术把相关法律法规固化下来，使过去办案规范与否取决于办案主体自觉性的现象，变为由系统对程序性规范进行硬性要求，每个办案环节都有流程指引和预警功效，每个办案流程都设计成规范化操作，办案期限、涉案财物处理等重要节点由系统实时监控。检察业务应用系统是过程控制的平台，在案件百分百线上办理、办案过程全程留痕的基础上，以流程监控为载体，实现了对检察办案的内部流程监管。

（三）检察流程监控的内涵

流程监控是案件管理工作的基础性职能，是强化内部监督制约的重要抓手。传统的案件管理模式，往往是静态管理和滞后管理，侧重对案件结果进行评估和检查，只能实现事后矫正。而流程监控则可通过对不同办案环节设置相应监控过滤条件进行动态监测，在承办检察官作出决定前，从流程监控中发现不符合办案规程的案

---

① 参见王雨佳：《浙江省检察机关案件流程管理优化研究——以温州市龙湾区人民检察院为例》，上海师范大学 2021 年硕士学位论文。

件，由流程监控者向案件承办人发出实时警示信息，提醒案件承办人对预警信息进行分析研判并及时纠错，从而实现对办案中可能出现的程序性问题和瑕疵进行前置化预防。

二、 检察流程监控工作现状

检察机关的流程监控总体运作是顺畅的，但其当前主要通过人工筛查的方式发现案卡填录、案件程序及文书制作等方面存在的问题，高度依赖流程监控员的法律专业素养和监控实操能力，耗费流程监控员大量精力，且可监控的覆盖面单一，难以充分发挥案件流程监控的办案监管功能。

（一）流程监控智能化水平有待提高，监控效率亟待提升

当前，检察业务应用系统中虽然设有流程监控子系统模块，但其智能化程度不高，系统自动巡查容易出现监控事项错误，大多数情况下仍高度依赖于人工发现问题，无法实现对在办案件的实时、动态、全流程监控。

（二）流程监控专业化水平有待提高，监控质量亟待提升

基层院囿于人力资源不足，流程监控岗大多为兼职岗位，在系统海量的办案信息中，依靠一两个兼职流程监控员开展监控难以发现实质性的问题，且流程监控员往往专注于对个别细枝末节的小问题的监控，发现系统性、普遍性的共性问题较少，流程监控的质量不够高。

（三）流程监控体系化水平有待提高，监控效果亟待提升

当前，流程监控的监控节点设置以单一模式为主，彼此之间缺乏关联性，监控中难以发现办案中隐藏在深层、底层的重大办案问

题。流程监控与案件受理、电子卷宗制作、业务数据审核等职能衔接不够紧，大多停留在简单的程序提醒、期限预警等监控表面，以流程监控的数量为主，监控效果较差，实质化流程监控的典型案例较少。

三、 智能化流程监控系统的设计思路

结合近几年流程监控的工作经验，本文认为可以从五个方面对智能化流程监控系统进行设计。

（一） 设置案卡与办案实际的关联关系

由于目前检察办案报表的数据主要是通过统计子系统从每一个案件对应的案卡中采集，而案卡数据则是由办案人员通过人工填报的方式手动录入的，这就有可能导致出现案卡数据和实际办案情况不一致的情况，影响了办案质效评价的真实性、公平性。在智能化流程监控设计思路上，首先要解决案卡数据与办案流程、办案实际情况对应关系的监控问题。案件办理的每一个流程节点都有相应的文书，文书是办案情况的真实反映。因此，可从办案文书入手，在智能化流程监控系统设计中专门设立文书与案卡的对应关系，自动识别案卡数据的真实性。一是可设置文书与案卡一一对应的逻辑关系。比如，承办人填写了案卡却未入卷相关文书，则无法进入下一个办案节点。如一审公诉案件，案卡填录了"辩护人"，若未入卷听取辩护人意见表，则无法审结案件，流程监控自动向承办人发出提示。二是构建线下文书上传自动识别功能，如承办人上传法院刑事判决书后，系统可自动识别判处的罪名和刑罚，对案卡填录信息与自动识别信息不一致的，流程监控自动发出警示信息，避免案卡错填、假填。对于回退节点撤回入卷文书并进行修改的，由系统将修改情况推送给案管部门进行实质性审核，若发现问题可由流程监

控员进行预警。

（二）设置案卡与期限的对应关系

将案卡与诉讼期限进行预警关联，如填写起诉日期、出庭公诉日期、诉讼程序后，若在法定期限内未上传相应文书或填写审判日期等关联案卡，系统自动监控并发出预警。同样地，可增加回复期限案卡，在承办人发出检察建议、纠正违法通知书等文书后，填写发出日期和回复期限，若到期未填写回复案卡、未上传回复文书，则后台可自动监控，提示承办人与相关单位联系，督促及时回复。

（三）监控后台案卡修改情况

参考案件信息公开办法，在智能化流程监控系统中设置案卡信息导出功能，由系统定期自动导出案卡信息并在后台存档，若统计报表出现表内外数值不一致时，可查询当天、当月案卡填录信息，反查出事后补填的具体案件，通过流程监控方式进行提醒，避免业务部门检察官事后补填，而无法排查表内外数值不一致的原因。

（四）建立办案质效数据比对机制

为防止数据作假，可采取数据修正许可开放前后对该院办案数据项的排名变化情况进行比对的方法进行研判，若前后两次的排名上升或下降位次变化过大，后台自动预警，再通过人工反查被改动案件的具体修改项，对该院是否通过修改案卡"反管理"进行判定。经核实判定该院通过修改案卡进行了数据反管理的，通过通报批评等方式进行警示。

（五）设置流程监控强制报告制度

将流程监控案件与院领导账号关联，设置"在办流程监控"模块，一旦案管部门发出流程监控，院领导的检察业务应用系统即可在该模块查看监控情况，包括监控事项、发出时间、反馈时间、整改情况等，对于超期未整改未反馈的，将在承办人和分管院领导打开检察业务应用系统时强制弹出逾期未整改的警示页面。

四、 基于智能化流程监控系统加强监控的措施

（一） 依托智能化平台，提升流程监控的规范性

充分运用大数据平台，根据上述思路进一步升级完善流程监控子系统，对办案流程进行规范设计，对重要环节实现节点控制，实现对检察办案更准确的检测、分析、预测和预警，有效保证司法办案的规范化，建立起智能为主、人工为辅的监控格局，推动流程监控工作迭代更新。

（二） 整合大数据资源，提升流程监控的有效性

目前检察机关流程监控依托的数据平台仅为检察业务应用系统，后续可依托政法协同平台，打通政法各单位办案系统的联通渠道，有效整合政法协同平台、公安警综系统、法院业务应用系统，获取更加广泛的办案数据，整合诉讼全过程的办案大数据资源，通过流程监控子系统对同一件案件在其他办案系统的诉讼情况进行比对，反查案卡填录是否存在反管理嫌疑，有效解决信息不对称问题。

（三） 重视人才队伍培养，提升流程监控的专业性

对于智能化无法解决的问题，仍须依赖人工巡查方式判断、发现问题，因此必须加强流程监控专门人才的选拔和培养，要挑选既熟悉法律知识又懂办案的检察人员充实到案管部门担任流程监控专

员，定期组织流程监控相关技能培训，针对诉讼权利保障、认罪认罚从宽制度适用等问题开展流程监控专项行动，开展流程监控技能大练兵、大比武活动等，促进流程监控人员提高专业化监控能力。

（四）细化流程监控标准，提升流程监控的权威性

建议最高检发布除刑事检察以外的其他检察业务流程监督工作指引，并明确口头提示、发送流程监控通知书和发送流程监控通知书上报检察长三种方式的具体情形，以便基层准确操作。另外，为防止案管部门流程监控"发而不回、发而迟回"问题的发生，各院可自行研究出台惩戒措施，如每月将流程监控回复情况报本院检务督察部和上级院案管部门、检务督察部，若情节恶劣，可由检务督察部进行谈话提醒，并记录在案。

《检察业务管理指导与参考》征稿启事

《检察业务管理指导与参考》是由最高人民检察院案件管理办公室和中国检察出版社联合创办的指导性连续出版物，以"加强工作指导、促进理论研究、解决实际问题"为宗旨，坚持理论联系实际的原则，贯彻实用性、指导性和权威性的编写特色，为全国业务管理理论研究者和实务工作者提供交流平台，欢迎广大检察人员、高等院校和研究机构的专家学者以及各界人士投稿。

一、 征稿内容和主要栏目

稿件内容为业务管理理论与实务问题研究，主要包括业务管理基础理论、检察改革背景下业务管理的职能定位，案件综合管理、流程管理、质量管理、统计信息管理、业务信息化管理等职能履行方面的理论与实务研究，统一业务应用系统的应用和完善情况、案件信息公开工作的经验及建议等。主要包括以下栏目，具体情况可以结合实际适时调整。

（一）政策指导类栏目

高层声音：中央、最高人民检察院领导关于业务管理工作的重要讲话，最高人民检察院召开的有关业务管理工作会议精神。

领导论坛：最高人民检察院案件管理办公室领导、各省级院领导有关业务管理工作的讲话、调研报告、理论文章等。

理论前沿：司法体制改革背景下，政法部门业务管理总体职能定位、主要任务、发展趋势等方面的研究成果。

政策解读：专家学者或各级院案件管理部门负责人对涉及业务管理工作的法律法规、规章制度进行的深度解读。

（二）业务研讨类栏目

业务研究：对案件综合管理、流程管理、质量管理、统计信息管理、业务信息化管理、人民监督员履职管理等各项职能进行深层次研究。

经验交流：各级检察机关案件管理部门结合实际，创新开展工作的经验做法。

典型案例：在案件受理审查、流程监控、质量评查、业务考评、业务分析研判、人民监督员履职等具体工作中形成的具有典型意义的案例或事例（附工作文书）。

（三）专题类栏目

规章制度：最高人民检察院和省级院制定下发的有关业务管理工作的规定、决定、意见、通知等规范性文件。

专项解答：针对各地业务管理工作中出现的常见问题、突出问题的专项汇总解答。

分析研判：各地围绕检察工作重点，发挥业务管理职能作用，深入开展的业务分析研判。

（四）其他栏目

案管风采：部分先进案件管理部门或者优秀案件管理人员的典型事迹材料。

检察文苑：与检察业务管理工作相关、可读性较强的纪实报告、小说、散文、诗歌、随笔等文学作品。

二、 投稿要求

1. 原创性。本书主要刊发原创的理论和实务文章。稿件如已在其他刊物发表过，投稿时请务必注明刊发的时间和刊物名称。

2. 时效性。要围绕正在开展的业务管理重点工作和亟须解决的问题组织稿件，对业务管理工作具有一定的指导和借鉴意义。

3. 内容适宜公开发表。本书向社会公开发行，请针对文章中的数据、事例等材料认真进行保密审查，防止出现不宜公开或泄密的事件。

4. 数据引用要准确。文章引用的数据要列明来源和出处，确保真实准确。

5. 署名和引注要规范。鼓励作者独立署名，也可刊发合作署名文章，但对 4 人（含 4 人）以上的署名文章一般不刊发或者作集体署名处理；文章的引注请严格依照"注释体例"的要求。

6. 作者信息要完整。应在稿件电子版内（文章结尾处，无须另附文档）直接注明作者详细联系方式，包括通信地址、邮政编码、联系电话、电子信箱等，并附作者简介。

7. 稿件形式要合规。理论研讨文章一般应当在 3000 字以上，稿件电子版（word 或 wps 格式）应以"附件"方式发送至投稿电子信箱。

三、 注释体例

注释采用脚注方式，每页不连续编号，以阿拉伯数字加圆圈标志。

（一）著作类引文注释

作者：书名，卷次，译者，出版社，出版年份，页码。

例如：

①张文显主编：《法理学》，法律出版社 2004 年版，第 38 页。

②史尚宽：《民法总论》，中国政法大学出版社 2000 年版，第 23 页。

③［德］黑格尔：《法哲学原理》，范扬、张企寿译，商务印书馆 1961 年版，第 91 页。

④H. L. A. Hart, *The Concept of Law*, Oxford University Press, 1961, p. 6 – 7.

（二）文章引文注释

作者：文章名，本书作者，所载书刊名，卷次，出版社，出版年份，页码。

例如：

①俞荣根、刘霜：《立法助理制度述论》，载《法学杂志》2007 年第 2 期。

②周光权：《违法性意识与犯罪故意的关系》，载陈忠林主编：《全国中青年刑法学者专题研讨会文集·违法性认识》，北京大学出版社 2006 年版，第 28 页。

③李希慧等：《"轻轻重重"应成为一项长期的刑事政策》，载《检察日报》2005 年 5 月 26 日第 3 版。

④Julius Stone, "Roscoe Pound and Sociological Jurisprudence", in 78 *Harvard Law Review* （1965）, p. 1578.

（三）数字和书名号的用法

1. 除引用原文外，文章中出现的数字（不含序数）均使用阿拉伯数字。

例如：

《中华人民共和国刑事诉讼法》第159条明确规定："对犯罪嫌疑人可能判处十年有期徒刑以上刑罚，依照本法第一百五十八条规定延长期限届满，仍不能侦查终结的，经省、自治区、直辖市人民检察院批准或者决定，可以再延长二个月。"这说明可能判处10年以上有期徒刑的犯罪嫌疑人被羁押的时间最长可达7个月。

2. 法律法规除全称需要书名号外，简称均不加书名号（加括号规定简称的除外）。

例如：

我国刑法中对被害人承诺没有明文规定，应当在立法中予以明确。

《最高人民法院案件审限管理规定》（以下简称《审限管理规定》）中明确规定："审判人员故意拖延办案，或者因过失延误办案，造成严重后果的，依照《人民法院审判纪律处分办法（试行）》第五十九条的规定予以处分。"

四、 投稿联系方式

1. 投稿邮箱。邮件请注明"《检察业务管理指导与参考》投稿"及主题，检察内网发至 agb_ zdyck@ gj. pro，外网发至 agbzdyck @ 163. com。

2. 本刊编辑部地址。北京市东城区北河沿大街147号最高人民检察院案件管理办公室，邮编：100726。

3. 编辑部电话：010 - 65200308。

图书在版编目（CIP）数据

检察业务管理指导与参考. 2023 年. 第 2 辑：总第 20
辑／最高人民检察院案件管理办公室编. —北京：中
国检察出版社，2023. 5
　　ISBN 978 - 7 - 5102 - 2908 - 4

　　Ⅰ. ①检… Ⅱ. ①最… Ⅲ. ①检察机关 - 业务管理 -
中国 - 丛刊 Ⅳ. ①D926. 3 - 55

中国国家版本馆 CIP 数据核字（2023）第 119408 号

检察业务管理指导与参考（2023 年第 2 辑）

最高人民检察院案件管理办公室　编

责任编辑：史世琦
技术编辑：王英英
美术编辑：曹　晓

出版发行：中国检察出版社
社　　址：北京市石景山区香山南路 109 号（100144）
网　　址：中国检察出版社（www. zgjccbs. com）
编辑电话：（010）86423736
发行电话：（010）86423726　86423727　86423728
　　　　　　（010）86423730　86423732
经　　销：新华书店
印　　刷：唐山玺诚印务有限公司
开　　本：710 mm×960 mm　16 开
印　　张：13　插页 6
字　　数：331 千字
版　　次：2023 年 5 月第一版　　2023 年 5 月第一次印刷
书　　号：ISBN 978 - 7 - 5102 - 2908 - 4
定　　价：40. 00 元
